MUJERES QUE CAMBIARON AL MUNDO

Conoce a las Mujeres que han Dejado una Huella muy Importante en Nuestra Historia

HADWIN HARTLEY

© Copyright 2023 – Hadwin Hartley - Todos los derechos reservados.

Este documento está orientado a proporcionar información exacta y confiable con respecto al tema tratado. La publicación se vende con la idea de que el editor no tiene la obligación de prestar servicios oficialmente autorizados o de otro modo calificados. Si es necesario un consejo legal o profesional, se debe consultar con un individuo practicado en la profesión.

- Tomado de una Declaración de Principios que fue aceptada y aprobada por unanimidad por un Comité del Colegio de Abogados de Estados Unidos y un Comité de Editores y Asociaciones.

De ninguna manera es legal reproducir, duplicar o transmitir cualquier parte de este documento en forma electrónica o impresa.

La grabación de esta publicación está estrictamente prohibida y no se permite el almacenamiento de este documento a menos que cuente con el permiso por escrito del editor. Todos los derechos reservados.

La información provista en este documento es considerada veraz y coherente, en el sentido de que cualquier responsabilidad, en términos de falta de atención o de otro tipo, por el uso o abuso de cualquier política, proceso o dirección contenida en el mismo, es responsabilidad absoluta y exclusiva del lector receptor. Bajo ninguna circunstancia se responsabilizará legalmente al editor por cualquier reparación, daño o pérdida monetaria como consecuencia de la información contenida en este documento, ya sea directa o indirectamente.

Los autores respectivos poseen todos los derechos de autor que no pertenecen al editor.

La información contenida en este documento se ofrece únicamente con fines informativos, y es universal como tal. La presentación de la información se realiza sin contrato y sin ningún tipo de garantía endosada.

El uso de marcas comerciales en este documento carece de consentimiento, y la publicación de la marca comercial no tiene ni el permiso ni el respaldo del propietario de la misma.

Todas las marcas comerciales dentro de este libro se usan solo para fines de aclaración y pertenecen a sus propietarios, quienes no están relacionados con este documento.

Índice

Introducción	vii
1. Comenzó con Eva	1
2. Ester	7
3. Cleopatra Vii Y Krystyna Skarbek	15
4. María Magdalena Y Annie Oakley	29
5. María, La Madre De Jesús Y La Madre Teresa	39
6. Juana De Arco E Irena Sandler	55
7. Isabel De Rusia Y María Montessori	69
8. Florencia Nightingale Y Juana De Navarra	81
9. Clarissa Barton Fundadora De La Cruz Roja Americana Y Alisa Zinov'yevna Rosenbaum	93
10. Martha Raye: También Conocida Como Coronel Maggie Y Julia Child	107
11. Amelia Earhart Contra Beryl Markham Y Nancy Parker	123
12. Aung San Suu Kyi Y Madame Curie	145
Conclusión	159

Introducción

Las mujeres aportan una gracia y una belleza a la vida de las que, francamente, los hombres son incapaces. Sin el amor y la crianza que recibimos de nuestras madres, tías y abuelas durante nuestros primeros años, pocos de nosotros llegaríamos a ser hombres amables, amorosos y civilizados. Me enseñaste a leer y pensar, cómo alimentarme y vestirme y la comprensión que tengo del mundo se debe en gran parte a ti. A medida que mis hijas se convirtieron en mujeres jóvenes, ellas también tienen un papel en mi educación continua.

Al menos el 50% de todo lo que sé y el 80% de las cosas buenas que me han pasado son gracias a la amabilidad de las mujeres que he tenido la suerte de conocer y conocer. Has traído risas y felicidad que son

Introducción

lo más cercano al cielo que puedo obtener mientras viva en el planeta tierra.

Hace pocas décadas que tenemos la posibilidad de empezar a descubrir una historia ocultada durante siglos.

Las mujeres, además de su aportación para sostener el hogar como madres y cuidadoras, han realizado una importante labor en el desarrollo político, científico, social y económico que la historia, escrita por los hombres, ha invisibilizado.

Siglos enteros de civilización, guerras, hambrunas y epidemias, el nacimiento de las ciudades o la vida campesina bajo el feudalismo se han contado sin incluir a las mujeres: la historia de los varones era extensiva a la historia de la humanidad. En 1988 dos historiadoras norteamericanas, una historia propia que se ha convertido en un referente para el movimiento feminista en la reconstrucción de la historia. En este libro las autoras se cuestionan incluso la validez de las categorías históricas tradicionales porque están organizadas y formuladas de tal manera que no dejan espacio a las mujeres, a sus ocupaciones y aportaciones y están definidas en función del varón.

Introducción

El Renacimiento, por ejemplo, es un "renacer" sólo para los varones, que ven mejoradas en esa época sus posibilidades educativas y laborales. Para las mujeres fue todo lo contrario: no pudieron acceder a la educación humanista y los nuevos estados, centralistas y uniformadores, y se dictaron leyes que restringieron aún más sus posibilidades. También la fundación de las universidades se estudia siempre como un factor positivo de desarrollo pero nunca se ha tenido en cuenta su repercusión negativa para las mujeres.

Hasta el siglo XIII la presencia e influencia femenina en la educación son mayores que las de los varones, son activas enseñantes, intelectuales, mecenas y escritoras pero la universidad excluye a las mujeres y el saber pasa a ser patrimonio del varón.

Desde la perspectiva de la educación y la cultura una escritora publica un artículo planteando la necesidad de repensar las cronologías en función de las mujeres. Si se refiere a la historia de las mujeres ¿no se debería destacar más bien la Reforma y la Contrarreforma, puesto que a partir de entonces, la Iglesia multiplica los conventos que dispensan una instrucción básica a las niñas, algo que en los países católicos tiene como consecuencia una considerable mejora en la educación de las mujeres y sus posibilidades culturales?

Pero releer la historia en clave femenina no significa sólo rescatar el protagonismo de las mujeres en el pasado sino presentar instrumentos para repensar la dinámica histórica en su conjunto, dice la fundadora del Centro de Investigación Histórica de la Mujer en la Universidad de Barcelona creado 1982 y dedicado a la investigación y docencia de la historia de la mujer. Implica que cuando se estudia la sociedad contemporánea debe estudiarse el papel decisivo del ámbito privado en el desarrollo histórico y el papel de las mujeres en ese ámbito.

La mirada con perspectiva de género en la historia permitirá tener una perspectiva del impacto tan diferente que para hombres y mujeres han tenido la industrialización del siglo pasado, las revoluciones liberales del siglo XIX o las dinámicas democratizadoras del siglo XX.

Había que reinterpretar la historia, cuestionarse todo lo aprendido hasta la fecha, incorporar los nuevos datos y las nuevas categorías. Si entre los hechos históricos tenemos sólo en cuenta las actividades como la guerra y no la producción de ropas y alimentos, la posesión de propiedades en vez de la producción y el trabajo, la mujer quedará fuera. El resultado ha de ser necesariamente la transformación de nuestra visión del mundo y de la historia.

Y el trabajo de rastreo de la historia de las mujeres no ha sido fácil. Muchas firmaron obras con el nombre de sus maridos como la escritora María Lejárraga, o con un seudónimo masculino como Fernán Caballero o Georges Sand; otras son consideradas oficialmente solo colaboradoras como al principio la física y química polaca y naturalizada francesa que llevó a cabo una investigación pionera sobre la radiactividad que trabajó al lado de su marido durante diez años y sólo después del Premio Nobel conjunto obtuvo su primer puesto de trabajo remunerado.

Nuestras primeras antepasadas aprendieron a preparar barro y hornear cerámica; trabajaron los esmaltes y mezclaron cosméticos, origen de la ciencia química. Al encargarse de la agricultura y la recolección, también descubrieron las propiedades medicinales de las plantas y aprendieron a secar, almacenar y mezclar las sustancias vegetales.

Introducción

Las mujeres siempre han sido curanderas, cirujanas y parteras.

¿Porqué esos trabajos no han sido considerados con la misma importancia que los realizados por el varón? El movimiento feminista empezó a cuestionarlo y las feministas universitarias; no necesariamente historiadora, empezaron a poner interrogantes y a buscar respuestas. Una dinámica apoyada con gestos, como el organizado por las feministas de París en 1970 al convocar una concentración ante el Arco de Triunfo para depositar una ofrenda floral "a la mujer del soldado desconocido". ¿Quién se ha molestado en recordar las consecuencias para las mujeres de las guerras organizadas en su mayoría por los hombres?

Finalmente, ahora que ya hemos visto varias cosas que han sucedido a lo largo de la historia de las mujeres, vayamos a los siguientes capítulos que nos mostraran el por qué y que las ha hecho importantes a muchas de ellas a lo largo de los años. A muchas de ellas seguro las conoces, a otras tal vez no pero espero que sus historias te cautiven y te inspiren.

1

Comenzó con Eva

Cuando Dios creó a Adán, creo que fue algo así. "Este pobre diablo claramente no está completo". Con la creencia de que Dios nos ama a todos, hizo lo más amable y encantador que se le ocurrió. Cuando Adán vio por primera vez a Eva, no supo qué emoción lo invadió. Lo único que sabía era que le gustaba. Esta emoción se llama amor. El amor crea casi toda la felicidad del mundo. ¿Qué clase de mundo sería sin amor?

Desde el momento de la concepción, estamos rodeados por el amor y la protección de nuestra madre. Con su amor y protección, podemos lograr cualquier cosa. Sin ella, estamos (con muy pocas excepciones) condenados a una vida de desesperación y autocompasión. Casi ninguno de estos desafortunados individuos lleva una vida que tenga sentido en términos de amabilidad, trabajo duro, éxito, preocupación por los demás o que de alguna manera contribuya al mejoramiento del mundo.

Casi todos los alcohólicos, drogadictos o clasificados como vagabundos son como son debido a la falta (real o percibida) del amor de su madre. Los niños que se crían en un orfanato (por ejemplo) tienen grandes dificultades para adaptarse a la vida.

La única explicación racional para esto no es su coeficiente intelectual, raza, de qué parte del mundo son o qué idioma hablan. Es porque se les niega el amor de su madre. Los sacrificios que hacen las madres por sus hijos son una fuente inagotable de asombro y admiración. Uno no tiene que ser un científico atómico para observar y apreciar el amor y la paciencia que las madres de todo el mundo muestran a diario. Esto también incluye el amor y la paciencia que nos brindan a quienes tenemos la suerte de ser llamados esposos o novios.

. . .

¿Puede alguien imaginar un mundo sin el amor y la belleza que las mujeres y niñas traen a todo el planeta? Lo que le sucedió a Adam cambió nuestro mundo para mejor para siempre. Traté de pensar cómo se debe haber sentido ser un hombre adulto, sin haber visto ni siquiera pensado de una mujer, y luego, de repente, doblando la esquina, solo para ver a Eva. Debe haber sido similar a ser atropellado por un camión invisible y luego preguntarse qué pasó. Algunos podrían decir, "gracias a Dios por los camiones invisibles", aunque no supieran qué es un camión.

Piense en el simple placer de tomarse de la mano a la luz de la luna mientras camina por la playa del océano. O el sonido de la voz de una mujer o el toque de sus dedos cuando te habla. Cuando una mujer (o una niña) entra en una habitación, es similar a alguien que enciende la luz.

Esta luz ilumina nuestra vida, mejora nuestros sentimientos de gratitud, trae un canto a nuestro corazón y el deseo de ser alguien a quien ella admiraría. Todo esto comenzó con Eva.

. . .

Esta bendición nos ha sido dada por muchos miles de años.

Comienza en el momento de la concepción. El amor de una madre es bastante evidente cuando se niega a sí misma los placeres terrenales para proteger a su hijo por nacer. Este amor de madre nunca termina y se demuestra miles de veces sin importar nuestra edad. Cuando el niño está enfermo o lesionado, naturalmente recurre a su madre en busca de amor y protección. Este amor y protección que da una madre sin tener en cuenta su propia salud y bienestar.

Un niño sabe esto instintivamente, y sus instintos han demostrado ser correctos una y otra vez. El mundo entero opera de esta manera. Entonces, la base de la civilización es el amor de una madre por su hijo.

¿Alguien puede imaginar en qué clase de mundo viviríamos si las madres no se preocuparan por sus hijos? ¿Sobreviviría alguno de nosotros y, si fuera posible, querríamos hacerlo? Un mundo sin amor, bondad y belleza encajaría en la versión cinematográfica del infierno. Ni hablar del perdón que es parte del don que recibimos a diario.

Eva fue una bendición dada por Dios. Por esta bendición, ella y su descendencia merecen el amor y la protección de y de los hombres de todas las naciones del mundo. En este libro, exploraremos las vidas de las mujeres a lo largo de la historia que han cambiado el mundo para bien. También hablaré sobre la vida de Laura Borges para aquellos que deseen detenerse en el lado oscuro de la vida. El suyo es un estudio interesante (que es la excepción que confirma la regla), pero no trajo felicidad ni amor a nadie excepto a sus hijos.

LAURA BORGES

Lucrezia Borgia nació en Subiaco, Italia, cerca de Roma, el 18 de abril de 1480, y falleció en Ferrara, Italia, el 24 de junio de 1519. Durante el período del renacimiento italiano (1320-1520), su familia se encontraba en una fuerte posición de poder, y la corrupción era una forma de vida. Hablaba y escribía cinco idiomas, incluidos italiano, valenciano (una variedad del idioma catalán), francés, latín y griego. Estuvo prometida cuatro veces y casada tres veces.

Todo esto fue arreglado políticamente por su familia. Ella también tuvo muchos amantes durante su vida. El rumor (nunca probado) afirma que tenía un anillo hueco que llenó de veneno y usó dicho veneno en la copa de vino del difunto cuando habían cumplido su propósito político.

A pesar de ser una de las villanas más famosas de la historia, nadie, ni siquiera sus peores enemigos, la acusaron nunca de ser otra cosa que una madre sobresaliente. A pesar de la familia en la que creció, amaba y protegía a sus hijos. En este aspecto, fue un ejemplo para otras damas de su tiempo y cultura.

2

Ester

Los NOMBRES en la Biblia a veces nos hablan del carácter de alguien. Hadassah, el nombre judío de Esther, proviene de la palabra (mirto), un árbol cuyas hojas solo liberan su fragancia cuando se trituran. El verdadero heroísmo de Ester solo apareció cuando ella y su pueblo estaban en un peligro terrible. El nombre Ester significa "escondido". La verdadera identidad de Ester como judía estuvo oculta durante muchos años.

El libro de Ester fue escrito para los judíos de la diáspora (judíos que vivían fuera de Israel) para mostrarles cómo vivir en el exilio. Si se encontraron con intolerancia y prejuicio, deben actuar con coraje e integridad. Ella es celebrada por la fiesta de Purim, una importante fiesta judía.

Hay tres grandes aventuras en su vida que demostraron no solo su valentía sino también su belleza y gracia.

Comenzó cuando el rey persa Asuero, en un ataque de ira ebria, desterró/se divorció de su esposa (la reina Vasti).

Así, se eligió una nueva reina entre las mujeres más hermosas de la tierra. El rey no sabía que Ester era judía.

Probablemente a él no le hubiera importado porque su gracia y belleza eran tales que su amor por ella era tan fuerte que nunca vaciló durante su vida juntos. Como era costumbre en ese momento (el primer concurso de belleza registrado), el Rey ordenó que todos los comisionados en cada parte de su reino reunieran a todas las hermosas jóvenes vírgenes y las trajeran a su harén en la ciudadela de Susa bajo la custodia de Hegai. (el eunuco del rey).

. . .

Estando allí (período de un año) a todos se les aplicaron los tratamientos cosméticos en uso en ese momento. La joven Ester era tan hermosa que incluso el eunuco Hegai la trataba con mayor deferencia que la que mostraba al resto del harén. Esther fue inteligente y sabia en su situación; por lo tanto, ella buscó la sabiduría y el consejo de Hegai (él conocía sobre todos los demás el gusto del Rey en mujeres).

Se convirtió en reina en lugar de Vasti con todo el poder y la riqueza del reino a su disposición. Nota: Hay muchas pinturas de Ester. El que me pareció más atractivo es.

Entra el tío de Ester, Mardoqueo. Durante muchos años se desconocía que Mardoqueo estaba relacionado con Ester.

Cabe señalar que Ester no guardó las leyes dietéticas del judaísmo ni las prácticas del judaísmo ortodoxo. También parece que Mardoqueo era el único miembro conocido de su familia que residía con ella en Persia. No mucho después de convertirse en reina, Mardoqueo descubrió un complot para asesinar al rey. Le dijo a Ester que transmitió esta información al Rey. Los conspiradores fueron arrestados y ahorcados, y la información de Mardoqueo se registró en los anales de la corte.

Por razones desconocidas, una vez Mardoqueo se negó a inclinarse ante el más alto funcionario de la corte, el agagueo Amán. Este fue un grave insulto personal (se especula que Saúl, el antepasado de Mardoqueo, había sido enemigo del antepasado de Amán, Agag, el rey amalecita).

Esta es la única explicación que pude encontrar ya que no había ninguna ley y/o práctica judía que prohibiera inclinarse ante el Rey o cualquiera de sus representantes. Esta falta de respeto enfureció tanto a Amán que (después de que un espía le informara que Mardoqueo era judío) planeó asesinar a todos los judíos del país. Planeaba lograr esto envenenando la mente del rey con historias sobre un pueblo que era diferente, que obedecían leyes diferentes y eran una amenaza para el Reino.

Es en este punto que el increíble coraje y amor que Ester tuvo por su pueblo (a riesgo de su propia vida) los salvó de una muerte segura. Mardoqueo convenció a Ester de que solo ella podía salvar a su pueblo.

Amán le dijo al Rey que los judíos debían ser eliminados por la seguridad del Reino. El Rey estuvo de acuerdo, sin saber que su amada Reina y Mardoqueo, el hombre que le había salvado la vida, eran judíos. Se apartó un día para los asesinatos y se envió un decreto a todas partes del imperio. En ese momento de la historia y en esa cultura, incluso la Reina no podía ver al Rey a menos que fuera convocada. Hacerlo podría resultar en la muerte y otras experiencias desagradables. Por alguna razón, Esther no había sido convocada durante los últimos treinta días y el tiempo se estaba agotando. Quizás estaba perdiendo el favor a los ojos de su marido. Ella le dijo a Mardocal que vería al Rey, incluso "si perezco, perezco". Luego le dijo a Mardoqueo: "Ve y reúne a todos los judíos que se hallen en Susa, y ayunad por mí, y no comáis ni bebáis en tres días ni en tres noches. Yo y mis siervas haremos lo mismo. Después de esto iré al rey aunque sea contra la ley".

. . .

Cuando el Rey vio a la Reina entrar en la corte, su corazón se derritió y le entregó el cetro de oro que tenía en la mano.

Asuero estaba claramente encantado de verla, aprovechando su placer ella le preguntó si él y amán asistirían a un banquete que ella planeaba realizar. Él accedió a su petición.

Amán no sospechaba; él creía que estaba siendo honrado por su invitación. Cuando él y el rey entraron al banquete, Asuero le prometió a Ester que ella podría tener todo lo que quisiera, incluso la mitad de su reino.

Ester invitó al Rey ya Amán a asistir a otro banquete al día siguiente. El Rey estuvo de acuerdo. Amán regresó a su casa muy animado. Ordenó la construcción de una horca para colgar a su odiado enemigo Mardoqueo. Tú puedes decidir la razón, pero esa noche Asuero no pudo dormir. Ordenó a sus sirvientes que le leyeran los registros de su reinado.

. . .

Mientras leían, recordó que Mardoqueo le había salvado la vida. También se dio cuenta de que nunca lo había recompensado. Aconteció que llegó Amán al palacio, y el Rey le preguntó cómo podía recompensar a alguien que había sido un siervo bueno y leal. Amán pensó que el rey se refería a él, por lo que recomendó recompensas extravagantes. El Rey estuvo de acuerdo pero luego sorprendió a Hamán diciéndole que se refería a Mardoqueo.

Mientras tanto, Ester había terminado de preparar su segundo banquete. Asuero estaba tan complacido que nuevamente le ofreció a Ester todo lo que ella quisiera.

En respuesta, pidió que se salvara su vida y la de su pueblo. Cuando el Rey preguntó, "¿de quién?" respondió ella de Amán.

Cuando el rey regresó del jardín del palacio al salón del banquete, encontró que Amán se había tirado en el lecho donde estaba recostada Ester. Amán estaba atrapado. Los sirvientes del rey lo tomaron y lo colgaron de la horca que había construido para Mardoqueo. Ester había salvado a Mardoqueo, pero la población judía todavía estaba en grave peligro. El Rey una vez más le tendió el cetro de oro a Ester, ella se levantó y se puso de pie ante el Rey. Diciendo: "Si place al rey y si he ganado este favor y si parece correcto ante el rey, que se escriba una orden para revocar las cartas escritas por Amán, hijo de Hamedata el agagueo, que escribió dando órdenes para destruir a todos los judíos que se encuentran en las áreas gobernadas por el Rey." ¿Cómo puedo soportar ver la calamidad que se avecina sobre mi pueblo?

Entonces, se enviaron cartas a todos los rincones del imperio, deteniendo la orden de ejecución de la población judía. Este es uno de los primeros ejemplos de la sabiduría, el coraje y el valor de una mujer que arriesgó su vida por su pueblo.

3

Cleopatra Vii Y Krystyna Skarbek

Qué DAMA MÁS NOTABLE. Vivió y reinó al final de los faraones de Egipto y durante las épicas luchas políticas que ocurrieron en el Imperio Romano del 47 al 30 a. Es un ejemplo sorprendente, inspirador y encantador del ingenio, la sabiduría, el encanto y la inteligencia de una de las mujeres más fascinantes de la historia.

Nació a finales del 69 a. C. como miembro de la dinastía ptolemaica, una familia de origen griego que gobernó Egipto tras la muerte de Alejandro Magno. Se desconoce su madre, pero se cree que fue Cleopatra V Trifena de Egipto.

. . .

Su padre fue Ptolomeo XII. Cleopatra fue el único miembro de la familia gobernante que aprendió egipcio, por lo que quizás pudo presentarse como la reencarnación de la diosa egipcia Isis.

Para entender la vida de Cleopatra necesitamos entender las tradiciones y costumbres de los Ptolomeos durante su reinado sobre el antiguo Egipto. Como era la costumbre (estrictamente aplicada) se casó con sus hermanos, Ptolomeo XIII y Ptolomeo XIV en ese orden. Cabe señalar que no hubo hijos como resultado de estos matrimonios y tal vez fueron un matrimonio solo de nombre. Esto es pura especulación ya que nadie lo sabe realmente. En cualquier caso, ella no tenía opción en estos matrimonios.

En el 49 a. C., Cleopatra se vio envuelta en una lucha de poder con su hermano menor, Ptolomeo XIII. La expulsó del palacio de Alejandría, lo que la obligó a exiliarse en Siria. Después de un período de tiempo, reclutó un ejército rebelde y acampó fuera del capitolio. Fue en este momento que, mientras perseguía a un rival, el general romano Julio César llegó a Alejandría en el verano del 48 a. Roma había sido el socio principal de Egipto durante décadas y dependía de la producción agrícola del valle del Nilo. En aras de una resolución pacífica de la disputa familiar, César ordenó una reunión con Cleopatra y su hermano. En un deseo de conservar el poder exclusivo, Ptolomeo XIII impidió su regreso a Alejandría. Es una historia real que ella hizo que su sirviente la envolviera en una alfombra y se la entregara al romano. Era conocida por su ingenio, encanto y la dulzura en el tono de su voz. Para que esta descripción sea precisa, solo hay que fijarse en la forma en que algunos de los hombres más poderosos de su tiempo cayeron bajo su hechizo.

¿Qué harías si amaras a tu país, tuvieras que pasar por riesgos increíbles y, sin embargo, te mantuvieras fiel a tus creencias? Creo que es un tributo a Cleopatra y las mujeres de Egipto que, a pesar de la pobreza extrema, su amor, compasión y trabajo duro mantuvieron unidas a sus familias.

Como faraón (44 a. C.), consumó una relación con (se convirtió en su amante) Julio César que resultó en el nacimiento de su hijo, Cesarión. Ella tenía 21 años y él 52 cuando se conocieron. A pesar de sus diferencias de edad y antecedentes según todos los relatos, realmente se amaban. Después del nacimiento de su hijo Ptolomeo César (apodado Cesarión) (Pequeño César), César abandonó su plan de anexar Egipto. En cambio, respaldó el reclamo de Cleopatra al trono. Ptolomeo XIII hizo la guerra contra César y Cleopatra en un esfuerzo por recuperar el trono en la batalla del Nilo. Ptolomeo XIII perdió la batalla y acabó ahogado en el Nilo. César luego restauró a Cleopatra junto con otro hermano menor (Ptolomeo XIV) como su nuevo co-gobernante.

Recuerda la costumbre egipcia de la época. No podía gobernar sola.

En el verano del 46 aC, Cleopatra, Ptolomeo XIV y Cesarión visitaron Roma, donde la reina egipcia vivía en una de las casas de campo de César.

La relación entre César y Cleopatra fue un escándalo para los ciudadanos romanos porque ya estaba casado con Calpurnia Pisonis. A pesar del escándalo, César erigió una estatua dorada (que se muestra como Isis) en el templo de Venus Genetrix.

. . .

Cuando César fue asesinado el 15 de marzo de 44 a.C regresó con su familia y su séquito a Alejandría. Cuando murió Ptolomeo XIV, Cleopatra hizo de Cesarión su co-gobernante y sucesor designado.

En el 41 a. C., Marco Antonio, uno de los tres gobernantes de Roma después de la muerte de César, convocó a Cleopatra a Tarso para poder determinar personalmente a quién era leal (a cuál de los tres gobernantes de Roma). Cleopatra llegó con su séquito real y lo cautivó tanto que pasó el invierno del 41 a. C./40 a. C. con ella en Alejandría. Para salvaguardarse a sí misma y a Cesarión, convenció a Antonio de ordenar la muerte de su hermana Arsinoe, que habitaba en Éfeso en el templo de Artemisa. Fue ejecutada en los escalones del templo, que fue el segundo gran escándalo causado por Cleopatra en la antigua Roma. El 25 de diciembre de 40 a. C., Cleopatra dio a luz a gemelos (Alejandro Helios y Cleopatra Selene) que fueron engendrados por Antonio. Cuatro años más tarde visitó Alejandría de camino a hacer la guerra a los partos. Renovó su relación con Cleopatra en ese momento e hizo de Alejandría su hogar permanente.

. . .

Aunque estaba casado con Octavia Minor (hermana de Octavio) se casó con Cleopatra según el rito egipcio que existía en ese momento. Con el tiempo tuvieron un tercer hijo (Ptolomeo Filadelfo). Antonio conquistó Armenia en el 34 a. C. y ese mismo año Cleopatra y Cesarión fueron coronados co-gobernantes de Egipto y Chipre. Era conocida en Egipto como la reencarnación de la diosa Isis, ya que se refería a sí misma como Near Isis. Como a lo largo de la historia, el éxito genera envidia y resentimiento. Las relaciones entre Anthony y Octavian habían empeorado durante varios años. Fueron cortados permanentemente en el 33 a. C. y, como resultado, estalló la guerra en el 31 a. C.

Las fuerzas navales de Anthony fueron derrotadas en la batalla de Actium. Más tarde, Octavio invadió Egipto.

Cuando se acercó a Alejandría, las tropas de Antonio desertaron a Octavio el 1 de agosto del 30 a.

Muchas fuentes, tanto romanas como egipcias, afirmaron que Cleopatra se suicidó irritando a una cobra egipcia para que la mordiera. Algunos dicen que fue mordida en el pecho y otros afirman que fue mordida en el cuello. Otros afirman que se envenenó a sí misma. Creo que nunca sabremos la verdadera historia sobre el final de su vida.

Anthony, creyendo que ella lo había abandonado, se apuñaló a sí mismo en el estómago. La herida no fue suficiente para matarlo y yacía sangrando.

Cleopatra envía un mensajero para que se lo devuelva. Por alguna extraña razón, ella no abrió la puerta de su monumento y, en cambio, ella y sus doncellas tiraron cuerdas por la ventana, hicieron que él se atara y luego lo arrastraron hacia el monumento. Este esfuerzo casi completó el intento anterior de suicidio. Lo acostaron en un sofá; Cleopatra se quitó la ropa y lo cubrió con ella. Lloró y deliró, se golpeó los pechos y se torturó con la automutilación. Anthony le dijo que se calmara, pidió una copa de vino y murió después de terminarla.

La muerte de Cleopatra marcó el fin del Faro de Egipto. Sí, murió pero su fama e influencia siguen vivas en todo el mundo. Qué dama más notable. Todavía motiva a los historiadores a estudiar su vida, a los cineastas a crear películas sobre ella y deja al resto de nosotros maravillados por su coraje y dedicación al pueblo de Egipto.

La historia no termina aquí, en un notable acto de desinterés, la esposa romana de Anthony, Octavia Manor, trajo a sus tres hijos a Roma y los crió como si fueran suyos.

Qué afortunados somos por mujeres como ella.
KRYSTYNA SKARBEK

Los hechos a veces son más extraños que la ficción. ¿Quién hubiera pensado que el espía favorito en la Segunda Guerra Mundial sería una Fem-Fatal de la Polonia ocupada por los nazis? También se rumoreaba que Krystyna fue la inspiración para las dos primeras Bond Girls de Ian Fleming, Tatiana Romanova y Vesper Lynd.

. . .

Nació el 1 de mayo de 1908, en una finca a 35 millas al oeste de Varsovia, hijo del conde Jerzy Skarbek, católico romano y Stefania Goldfeder, hija de un rico banquero judío. La familia vivió un estilo de vida lujoso hasta la crisis financiera de 1929. Krystyna tenía una buena educación y hablaba francés y alemán con fluidez, así como su polaco nativo. Estaba cerca de su padre y desarrolló un amor por el esquí y los caballos. Krystyna tenía apenas 22 años cuando su padre murió en 1930. En ese momento, la familia se había mudado a Varsovia debido a la caída abrupta de sus ingresos. Encontró trabajo en un concesionario Fiat, pero tuvo que renunciar debido al efecto que los gases de los automóviles tenían en su salud. Krystyna se casó con un joven empresario llamado Karol Gettich, pero el matrimonio duró solo unos meses.

Un día, mientras esquiaba, Krystyna perdió el control en las pistas y fue salvada por un joven aventurero y escritor ucraniano llamado Jerzy Gizycki.

Se casaron en 1938 y poco después se mudaron a Etiopía, donde él aceptó un puesto diplomático. Con el estallido de la Segunda Guerra Mundial, navegaron hacia Inglaterra, donde Krystyna ofreció sus servicios al gobierno británico.

. . .

Ella fue avalada por un influyente asesor de la inteligencia británica llamado Frederick Voight. En ese momento, Krystyna Skarbek desapareció y Christine Granville comenzó a trabajar para SOE (Special Operations Executive) (un precursor del MI6).

En diciembre de 1939, Krystyna llegó a Hungría, donde viajó esquiando por las montañas Trata hasta su Polonia natal. Ella le suplicó a su madre que se fuera, pero se negó.

En los meses siguientes su madre fue asesinada por la Gestapo. Krystyna (Christine Granville) organizó un grupo secreto de mensajeros polacos que transportaban informes de inteligencia de Varsovia a Budapest. Mientras estaba en Hungría, conoció a un amigo de la infancia llamado Andzej Kowerski, quien más tarde operaría bajo el nombre en clave de Andrew Kennedy. En 1941, ella y "Kennedy" fueron interrogados por la Gestapo, pero debido a su inteligencia y rapidez de pensamiento, Krystyna se mordió la lengua hasta que sangró y comenzó a toser, fingiendo tener tuberculosis.

Los oficiales alemanes retrocedieron rápidamente y les dijeron que continuaran. Tuvo gran influencia con un grupo de resistencia polaco que se llamaba "Los Mosqueteros". Trabajando juntos, desarrollaron y enviaron a Londres un informe que identificaba la fecha de la invasión nazi de la Unión Soviética.

Más tarde en la guerra, Krystyna y Kowerski fueron trasladados a El Cairo, donde continuaron su trabajo para SOE. En 1944 todo volvió a cambiar. Los aliados estaban planeando la invasión de Francia. Era más fácil pasar por el sur de Francia que por la costa oeste. Operando bajo el nombre de "Madame Pauline". Se lanzó en paracaídas a las montañas francesas donde ayudó a formar un grupo de maquis franceses y partisanos italianos que (entre otras cosas) ayudaron a inducir a los no alemanes, especialmente a los reclutas polacos, a desertar y unirse a los Aliados.

Todo esto requirió gran coraje y sabiduría. Lo que ocurrió a continuación fue una de las grandes historias no contadas de la Segunda Guerra Mundial. El 13 de agosto de 1944, poco antes de que las Fuerzas Aliadas desembarcaran en el sur de Francia, la Gestapo capturó a Xan Fielding, un oficial de la SOE, y a Christian Sorensen, un oficial francés. Las fuentes determinaron que iban a ser ejecutados. Al enterarse de esto y saber que si la capturaban, sería torturada y probablemente ejecutada, Krystyna logró reunirse con Albert Schenck, un alsaciano que actuaba como enlace entre la prefectura francesa local y la Gestapo. Ella le dijo que era sobrina del general Bernard Montgomery y amenazó a Schenck con represalias violentas si los dos prisioneros sufrían algún daño.

También ofreció una recompensa de dos millones de francos franceses por su liberación. Schenck le presentó a un oficial de la Gestapo llamado Max Waem. Durante tres horas, Krystyna volcó toda la fuerza de su personalidad magnética sobre él, diciéndole que la invasión era inminente y que, como paracaidista británica, estaba en contacto con las fuerzas británicas. "Si yo fuera usted, debería pensar detenidamente en la propuesta que te he hecho. Si algo le sucediera a mi esposo (como ella describió a uno de sus hombres), las represalias serían rápidas y terribles, porque no tengo que decirle que tanto usted como Schenck tienen una reputación horrible entre los lugareños".

. . .

Cuando pensó en los muchos asesinatos que había cometido y su probable hecho, Waem le preguntó: "Si los saco de la prisión, ¿qué harás para protegerme?" Después de que los hombres fueron liberados, se le aconsejó al Capitán Schenck que abandonara el área. Se negó a hacerlo y fue asesinado por personas desconocidas. Su esposa se quedó con el dinero y después de la guerra intentó cambiarlo por nuevos francos. Fue arrestada pero luego liberada y se le permitió quedarse con un pequeño porcentaje del soborno.

Después de que terminó la guerra en Europa, Krystyna y Kowerski (habían sido amantes durante varios años) fueron asignados a operar en Polonia para recopilar información sobre la ocupación rusa. Por alguna razón, toda esta operación (Operación Freston) fue cancelada.

Krystyna Skarbek fue nombrada oficial del imperio británico, algo que estaba asociado con oficiales por encima del rango de coronel. También recibió la Croix de Guerre del gobierno de Francia y la medalla George de los británicos. Extraña e injustamente, pocas semanas después del armisticio, mientras vivía en El Cairo, Krystyna fue despedida con el salario de un mes y tuvo que valerse por sí misma. Era demasiado orgullosa para pedir ayuda, excepto que le dieran un pasaporte británico porque después de la traición angloamericana a su país, se había quedado sin patria.

En 1952 comenzó a trabajar como azafata en la línea Union-Castle que navegaba desde Durban, Sudáfrica en el barco Winchester Castle. Mientras estaba a bordo, rechazó los avances de un compañero de tripulación llamado Dennis Muldowney. En un ataque de ira, la mató a puñaladas en el Hotel Shelbourne, ubicado en Earl 's Court el 15 de junio de 1952. El 30 de septiembre fue ahorcado por su crimen.

Christine Granville (el nombre que figura en su pasaporte) fue enterrada en el cementerio católico romano de St. Mary, cerca de Kensal Green, en el noroeste de Londres. Debido a su amor interminable por Krystyna, su compañera en tantas aventuras peligrosas durante la guerra, Andzej Kowerski fue incinerado en 1988, treinta y seis años después de su muerte, y sus cenizas fueron enterradas junto a su tumba. Creo que estarán juntos para siempre.

4

María Magdalena Y Annie Oakley

María significa "mujer sabia" o "señora". Es una forma griega del hebreo Miriam o Mariamme y era el nombre de mujer más popular en la época de Jesús. Ella venía de un pueblo llamado Magdala, en el lado occidental del Mar de Galilea. Debido a su residencia original, a menudo se la llama María Magdalena. Muchos griegos vivían en Magdala, y la ciudad era un próspero centro de la industria pesquera y un centro de fabricación de lana fina y troqueles de lana.

A lo largo de la historia, María Magdalena fue retratada erróneamente en la literatura y el arte como una prostituta reformada. Ella fue confundida con la mujer con el vaso de alabastro como se describe en

(Nueva versión) Lucas 7: 36-50. Esta otra mujer fue discutida antes de cualquier mención de María Magdalena. Cabe señalar que la mujer con el frasco de alabastro fue llamada "pecadora".

Nunca se habló del tipo de pecado, por lo que es la imaginación de alguien la que la etiquetó como prostituta. En Lucas 15:30, usó una palabra diferente cuando describió a una prostituta real.

Cuando María conoció a Jesús por primera vez, se la describió con una enfermedad grave. Nunca se especificó la enfermedad. Posteriormente, los escritores masculinos célibes vincularon su enfermedad (demonios) con su sexualidad. Es muy posible que esto fuera un reflejo de sus tormentos personales y no de los de Mary.

Mientras Jesús viajaba por todo el país enseñando acerca de Dios, lo acompañaba un grupo de mujeres. María Magdalena era la mujer principal de este grupo. De Lucas 8:1-3, "Poco después iba por ciudades y aldeas, proclamando y anunciando el evangelio del reino de Dios. Estaban con él los doce, y algunas mujeres que habían sido curadas de malos espíritus y enfermedades: María, llamada Magdalena, de la que habían salido siete demonios, y Juana, mujer de Chuza, mayordomo de Herodes, y Susana, y muchas otras que las sustentaban de sus bienes".

Dos grupos de personas viajaban con Jesús. Un grupo de hombres encabezados por Pedro y un grupo de mujeres lideradas por María Magdalena. Era común que hombres y mujeres se acompañaran pero se mantuvieran en grupos separados.

Es triste pero cierto que en este período de la historia se registraron las palabras de los hombres pero no las de las mujeres. Piensa en el conocimiento y la sabiduría que tendríamos si sus palabras y pensamientos hubieran sido escritos para las generaciones futuras. Pedro y María deberían haber sido vistos como más o menos iguales en su (diferente pero valioso) apoyo a la obra de Jesús.

Los cuatro relatos de la crucifixión y muerte de Jesús que las mujeres estaban en la escena, y María Magdalena dice que se destacó entre ellos. Ella había estado cerca de Jesús durante su vida. Ella permaneció cerca de él mientras moría en la cruz. Uno no necesita ser cristiano para ver el significado de que María Magdalena fue elegida para ver a Jesús cuando resucitó de entre los muertos. Era costumbre de la época preparar especias y ungüentos para cubrir al muerto antes de colocarle un sudario. En el momento de su muerte, las circunstancias hicieron imposible realizar un entierro adecuado. Según la ley judía, los ungüentos y las especias no se podían comprar ni vender en sábado. De ahí la llegada de María y otros a su tumba al tercer día después de su muerte.

Cuando pensamos en los cientos de horas, los días, semanas, meses y años que ella dedicó a su creencia, es difícil no sentirse inspirado para actuar de la manera que debemos, especialmente cuando consideramos la comodidad y tranquilidad del mundo moderno. El amor, el coraje y la gracia que definieron a María Magdalena continúan guiando e influenciando a millones de personas en todo el mundo.

ANNIE OAKLEY

. . .

Patricia Ann Moses nació el 13 de agosto de 1860 en un registro en una cabaña cerca de North Star Ohio, ella era la sexta de siete hijos nacidos de sus padres, Susan y Jacob Moses.

Hay tiempos y lugares históricos que suenan más como la ficción que lo mejor que pueden producir los escritores de ficción.

La historia de Annie Oakley está llena de trabajo duro, dedicación, determinación y amor, así como un sentido de aventura.

Sus padres eran dueños de una taberna en Hollidaysburg, Pensilvania. Dicha taberna se quemó, así que empacaron y se mudaron a una granja alquilada en Ohio. Su padre (luchó en la guerra de 1812) murió de neumonía en 1866.

Su muerte causó grandes penurias en su familia. A partir de los 8 años, Annie comenzó a disparar y cazar para mantener a su madre viuda y a sus hermanos y hermanas. En marzo de 1870, ella y su hermana mayor Sandra Hill fueron admitidas en la enfermería del condado. Mientras estuvo allí aprendió a coser ya decorar.

A principios de 1870, la enviaron a trabajar como niñera y ama de llaves para una familia local. Le prometieron una educación y un pequeño estipendio mensual. La vida cruel que llevó estuvo cerca de ser una esclava. Fue sometida a maltrato físico y psíquico. Una vez la enviaron a la nieve descalza por quedarse dormida después de un largo día de trabajo. Cuando terminó su contrato de dos años a principios de 1872, se reunió con su familia.

Annie comenzó a cazar y atrapar trampas a los 8 años para ayudar a mantener a su madre viuda, sus hermanos y hermana. Sorprendentemente, cuando Annie cumplió 15 años, había vendido suficiente caza a restaurantes y hoteles locales para pagar la hipoteca de la granja de su madre.

Annie Moses (su apellido de soltera) se convirtió en una celebridad local en el verano de 1876. Asistió a una feria en Cincinnati cuyo punto culminante fue el acto de tiro de Baughman y Butler. Butler había apostado $2,100.00 (en dinero de hoy) con el dueño de un hotel local de que podía vencer a cualquier tirador en esa área. El dueño del hotel organizó un encuentro entre Butler y Annie, de 15 años y 5 pies de altura. Al final del partido, Butler falló un tiro y se sorprendió e intrigó que perdiera. Estaba tan intrigado que comenzó a cortejar a Annie y se casaron el 20 de junio de 1882.

Después de su matrimonio residieron en un barrio de Cincinnati llamado Oakley. Esta puede o no ser la razón por la que eligió el nombre artístico de Oakley. De esto nadie está seguro. En 1885 se unieron al Buffalo Bill Wild West Show.

Mientras estuvo en Europa, actuó para los jefes de estado en Italia, el Reino Unido, Francia y otros. Su puntería era tan increíble que disparó las cenizas de un cigarrillo que sostenía el Kaiser Wilhelm II alemán. Después del estallido de la Primera Guerra Mundial, se ofreció a intentarlo de nuevo, pero comprensiblemente no recibió respuesta del Kaiser. En 1898, Annie le escribió al presidente William Connor ofreciéndole los servicios de cincuenta francotiradoras que proporcionarían sus propias armas y municiones si Estados Unidos entraba en guerra con España. Su oferta nunca fue aceptada a pesar de que fuimos a la guerra con España.

En 1901 resultó gravemente herida en un accidente de tren que le provocó una parálisis temporal. Le tomó cinco operaciones de columna recuperar su salud y movilidad. Después de curarse, protagonizó una obra de teatro en la que hablaban de una chica en el oeste, en la que usó una cuerda, una pistola y un rifle para capturar a una banda de forajidos. Se estima que Annie enseñó a 15,000 mujeres cómo usar un arma de fuego para la autodefensa. Creía firmemente en el derecho de cualquier mujer a defenderse a sí misma ya sus hijos de ataques criminales.

En 1904, la policía de Chicago arrestó a un artista burlesco por posesión de cocaína. En el momento de su arresto, le dijo a las autoridades que su nombre era Annie Oakley. William Randolph Hurst publicó una serie de artículos en los que afirmaba que la mujer arrestada era la verdadera Annie Oakley. Otros periódicos de todo el país publicaron el artículo de Hurst. Durante los siguientes seis años, Annie Oakley presentó numerosas demandas por difamación de carácter, ganando 54 de las 55 presentadas. Es interesante que Hurst envió a un investigador al área donde creció en un intento de encontrar algo negativo sobre su vida y conducta. El investigador volvió con las manos vacías.

Continuó estableciendo récords hasta los sesenta años. Ella también dedicó gran parte de su tiempo y dinero a esfuerzos filantrópicos para promover la causa de los derechos de la mujer y otras causas en las que creía. Sorprendentemente, a la edad de sesenta y dos años golpeó 100 platos de arcilla seguidos desde dieciséis yardas de distancia mientras actuaba en Carolina del Norte.

En 1922, Annie y Butler se vieron envueltos en un paralizante accidente automovilístico que la obligó a llevar un aparato ortopédico metálico en la pierna derecha.

Después de un año de recuperación, volvió a disparar y logró nuevas actuaciones récord. Annie Oakley falleció el 3 de noviembre de 1926.

Su esposo amaba tanto a Annie que dejó de comer

y se unió a ella en el cielo solo dieciocho días después de su muerte.

¡Una vida increíble! Una historia increíble y todo cierto.

Creo que Annie Oakley ha inspirado a millones y seguirá inspirando a millones más. Nuestras vidas son mejores gracias a su coraje, dedicación y resistencia, sin importar las circunstancias y las dificultades de su vida; ella tuvo la fuerza para vencerlos a todos.

5

María, La Madre De Jesús Y La Madre Teresa

Si sólo te quedaran pocos momentos de vida, ¿con quién le gustaría hablar? ¿Qué le diría? ¿Qué cabos sueltos le gustaría atar? A menudo es en el crisol de las situaciones extremas que se revelan nuestras prioridades.

Durante la intensa agonía de su crucifixión, Jesucristo utilizó algunas de sus últimas palabras para expresar una tierna preocupación por su madre, María. Al ver que estaba cerca, Cristo dirigió la atención de María hacia su discípulo Juan y le dijo: "Mujer, he ahí tu hijo". Luego miró a Juan y le dijo: "He ahí tu madre" (v. 27). Incluso en ese momento de gran sufrimiento, Jesús se preocupó por el bienestar físico de su madre.

. . .

¿Quién fue esta excepcional mujer a quien se le encomendó criar, estar al tanto de sus necesidades y cuidar del Hijo de Dios?

Lamentablemente, todo lo que muchos saben acerca de María se resume en una oración muy repetida, pero en la que pocos reflexionan, el "Ave María" católico: "Dios te salve, María, llena eres de gracia; el Señor es contigo.

Bendita Tú eres entre todas las mujeres y bendito es el fruto de tu vientre".

Aunque su imagen ha sido sacada totalmente de contexto, la verdadera María de la Biblia fue una mujer ejemplar. ¿Qué podemos aprender de su historia y su vida?

María era descendiente del rey David. Muchos estudiosos concuerdan en que la genealogía de Lucas 3:23-38 es el linaje de María.

. . .

María es presentada en la Biblia como "una virgen desposada con un varón que se llamaba José" (Lucas 1:26-27). Su compromiso con un miembro respetado de la sociedad era vital, ya que la vida de las mujeres en Judea y Galilea durante el primer siglo era precaria. Generalmente se les veía como siervas con muy pocos o ningún derecho, así que casarse era el camino hacia cierto grado de libertad, dignidad y, en muchos casos, la supervivencia.

El compromiso de María con José significaba más que un compromiso moderno. Según Wayne Bill, un compromiso en ese tiempo "era absolutamente vinculante. Duraba un año, en el cual los prometidos eran conocidos como esposo y esposa, aunque no tenían los derechos de un matrimonio. No podía disolverse sino con un divorcio".

Pero la vida de María, que hasta ese punto aparentemente había transcurrido según las expectativas tradicionales, de pronto dio un giro inesperado. Lucas explica que Dios envió al ángel Gabriel para darle noticias increíbles: "María, no temas, porque has hallado gracia delante de Dios. Y ahora, concebirás en tu vientre, y darás a luz un hijo, y llamarás su nombre JESÚS". La respuesta de María, "¿Cómo será esto? pues no conozco varón", confirma lo milagroso de su concepción.

Sólo podemos imaginar la conmoción que esta noticia causó en la familia y la comunidad de María. Estar embarazada fuera del pacto del matrimonio era un escándalo. María probablemente fue ridiculizada, excluida de la sociedad y despreciada. Debe haber soportado muchos chismes y desaires.

De hecho, el prometido de María, José, pensaba divorciarse de ella en privado. Pero Dios intervino sobrenaturalmente para mostrarle a José la realidad de los acontecimientos y así preservar la unidad familiar.

La reacción de María frente a la transformadora noticia nos dice mucho acerca de su carácter. María era humilde y mansa. Nunca dijo: "¡Por supuesto que soy la elegida!". En cambio, glorificó a Dios y reconoció lo pequeña que era en comparación a Él.

. . .

Y luego de que Gabriel le anunciara a María el plan de Dios, todo parece indicar que Dios decidió seguir comunicándose con ella a través de José. Si María hubiera estado motivada por el orgullo, podría haber considerado esto como un desprecio. Una persona orgullosa pensaría: "Pues, si yo soy la elegida, Dios debería hablar conmigo directamente".

Obviamente, la humildad y la mansedumbre eran características necesarias para la madre del Mesías. Dios trabaja con los "[quebrantados y humildes] de espíritu" porque son maleables y aceptan con facilidad su voluntad y su plan. Dios es capaz de hacer grandes cosas en y a través de los humildes. En María, Dios encontró una sierva humilde y mansa, una joven decidida a obedecerle y aceptar sus propósitos.

Una mujer valiente

El espíritu manso de María no se debía a que ella fuera una persona débil o tímida.
María era una mujer de valentía y fuerza.

. . .

Dado que conocemos el resto de la historia, tal vez sea difícil imaginar la compleja situación en la que María se encontró tras recibir las sorprendentes noticias de Gabriel.

En primer lugar, María no sabía si José se quedaría con ella, pero aun así le dio la noticia valientemente. El milagro en su vientre también significó muchos otros riesgos para ella: el riesgo de la vergüenza, el abandono, el abuso e incluso el riesgo de ser apedreada. La posibilidad tan real que enfrentaba de ser puesta en prisión hubiera tenido consecuencias devastadoras para su vida.

Pero María aparentemente enfrentó estas dificultades con valentía. El valor que exhibió para contarle a José fue sólo el comienzo. Imaginémonos cómo habrá comenzado esa conversación. Luego probablemente tuvo que compartir la noticia con su familia, amigos y la comunidad. ¿Cuántas personas habrán creído su fantástica historia?

. . .

Tal valentía proviene de una relación sólida con Dios. No aparece de la noche a la mañana; más bien es el reflejo de una vida dedicada a desarrollar una relación personal con el Padre.

María también era una mujer de fe. Si leemos detenidamente Lucas 1:26-38, veremos que María no le pidió a Gabriel una prueba cuando recibió su increíble noticia. En cambio, pidió una explicación. Su pregunta fue cómo (no si es que) se llevaría a cabo el plan de Dios. Ésta es una diferencia importante, porque destaca la confianza y convicción de María en Dios y su capacidad para hacer el milagro.

Su reacción contrasta con la de Zacarías al enterarse por medio de Gabriel que él y Elisabet tendrían un hijo. A Zacarías le costó creer la noticia, y como resultado, quedó mudo durante todo el embarazo de su esposa, "por cuanto no creyó las palabras" de Gabriel.

María agradó a Dios con su confianza y fe. La fe de María era positiva y llena de energía; fue un escudo protector en medio de los desafíos que enfrentó inesperadamente.

María tuvo la fe necesaria para creer en el anuncio de Gabriel y hacer algo al respecto.

María no fue el ser divino, sereno y angelical o místico que a menudo se ilustra en el arte medieval. En cambio, era en muchos sentidos como el resto de nosotros: una pecadora que necesitaba un Salvador y anticipaba su llegada.

Pero también era una dama especial, muy bendecida por Dios, que atravesó pruebas increíbles y sirvió de una forma excepcional.

Sólo podemos imaginar las historias que María contará cuando sea resucitada a vida eterna al regreso de Cristo, anécdotas de tragedia, humor y gozo. Como María misma dijo: "me dirán bienaventurada todas las generaciones".

. . .

No sabemos cuánto tiempo vivió después de la crucifixión de Jesús. Pero lo que sabemos nos da mucho tema para reflexionar. ¿Cómo habrá sido para María ser parte del Cuerpo de Cristo después de la muerte y resurrección de Jesús? ¿La trataron bien o fue perseguida por los judíos a su alrededor?

Nadie lo sabe con certeza. Las leyendas y creencias populares han corrompido su historia, y la verdad acerca del resto de su vida permanece un misterio.

Pero lo que sí sabemos es que María fue una mujer extraordinaria. Los pocos detalles que la Biblia nos da acerca de su vida nos dan un maravilloso ejemplo para los cristianos de todos los tiempos. Todos podemos beneficiarnos de seguir su ejemplo de humildad, valentía y fe.

AGNES, MADRE TERESA

Pequeña de estatura, grande en intelecto e increíble en coraje y devoción, Agnes nació en agosto de 1910 en Skopje, una ciudad del Imperio Otomano. A temprana edad se sintió atraída por la parte espiritual/religiosa de la vida. A los 12 años estaba convencida de que debía dedicarse a la vida religiosa. Su decisión final se tomó en agosto de 1928 mientras rezaba en el santuario de la Virgen Negra de Letnice.

Agnes viajó a la Abadía de Loreto en Irlanda para aprender inglés, el idioma que las Hermanas de Loreto solían enseñar a los niños de la escuela en la India. En 1929 comenzó su noviciado en Darjeeling, India (cerca de las montañas del Himalaya). Al llegar, estudió y aprendió bengalí con fluidez. En 1931 hizo sus primeros votos religiosos como monja. Este fue el período en el que eligió cambiar su nombre a Therese de Lisieux, la santa patrona de los misioneros. Como una de las monjas ya había elegido ese nombre, Agnes optó por la pronunciación española "Teresa". Al elegir llevar el nombre de un santo, las monjas se sintieron inspiradas a comportarse como tal.

En 1937, Agnes hizo sus votos solemnes mientras enseñaba en la escuela del convento de Loreto en el este de Calcuta.

. . .

En 1944 fue nombrada directora y permaneció en ese puesto hasta algún momento de 1948.

Aunque a Agnes le gustaba enseñar en la escuela, estaba cada vez más molesta por la pobreza extrema de la región.

En 1943 hubo hambruna en la ciudad de Bengala y el comienzo de la violencia entre los residentes musulmanes e hindúes. La ciudad se convirtió en una película de terror en la vida real.

En 1946, mientras viajaba a su retiro anual, Agnes experimentó un llamado profundamente emotivo de Dios para que dejara el convento y dedicara el resto de su vida a vivir y ayudar a los más pobres entre los pobres.

En 1948 Agnes envió unos meses en medicina básica entrenamiento en el Hospital de la Sagrada Familia en Patna. Se mudó a los peores barrios marginales de Calcuta, abrió una escuela y comenzó a atender a los pobres y hambrientos. En 1949 se unió a ella un grupo de mujeres jóvenes que le permitieron sentar las bases de una nueva comunidad religiosa dedicada a ayudar a "los más pobres entre los pobres". Su primer año fue casi increíblemente difícil ya que tuvo que mendigar comida y suministros porque no tenía ingresos. También tuvo la opción de regresar a su convento donde la vida sería mucho más fácil.

Como escribió en su diario "Nuestro Señor quiere que sea una monja libre cubierta con la pobreza de la cruz.

Hoy aprendí una buena lección. La pobreza de los pobres debe ser tan dura para ellos. Mientras buscaba un hogar caminé y caminé hasta que me dolieron los brazos y las piernas. Pensé cuánto les debe doler la mente y el cuerpo buscando alimento y abrigo. Entonces vino a tentarme el consuelo de Loreto (su antigua orden) para tentarme. Solo tienes que decir la palabra y todo. eso será tuyo otra vez. Por libre elección, Dios mío, y por amor a ti, deseo quedarme y hacer lo que sea tu voluntad en mi favor. No dejé que me saliera una sola lágrima".

. . .

Agnes recibió permiso del Vaticano en octubre de 1950 para iniciar la congregación diocesana que se conocería como las Misioneras de la Caridad. Los hambrientos, los desnudos, los lisiados, los vagabundos, los ciegos, los leprosos y todos aquellos que se sienten no amados, no deseados, desatendidos en la sociedad, personas que se han convertido en una carga para la sociedad y son rechazadas por todos.

Comenzó con 13 monjas y en 1997 tenía 4000 monjas en todo el mundo. Además de ayudar a los anteriores, atendieron a refugiados, ciegos, alcohólicos y víctimas de hambrunas, inundaciones y epidemias.

En 1952 abrió la primera casa de moribundos en un espacio cedido por la ciudad de Calcuta.

Con la ayuda de los funcionarios de la ciudad hindú, convirtió un templo hindú abandonado en lo que se conoció como el Hogar del Corazón Puro. Agnes acogió a personas de todas las religiones para que pudieran fallecer mientras eran tratadas con dignidad y respeto. En 1955 abrió el Hogar de Niños del Inmaculado Corazón para atender a niños huérfanos y sin hogar.

En la década de 1970, Agnes había abierto lo anterior en países de todo el mundo. Ella respondió al hambre en Etiopía, el desastre de Chernobyl en Rusia y las víctimas del terremoto en Armenia en 1988. Aunque a veces es criticada por su fe y su creencia contra el aborto y el divorcio, se citó a Agnes: "No importa quién diga qué, debes aceptarlo con una sonrisa y hacer tu propio trabajo".

Ha recibido tantos premios que te sugiero que los busques en Wikipedia si estás interesado. Llenan más de dos páginas.

Como nota al margen, Agnes fue criticada amarga e injustamente por hombres que (hasta donde puedo determinar) nunca se ensuciaron el dedo meñique al ayudar a los menos afortunados que ellos. Estos incluyeron a hombres de compasión por los oprimidos, los desamparados y los olvidados de la sociedad como

Christopher Hitchens y otros que se destacan por su sacrificio en el cuidado de los demás.

Agnes falleció en 1997 después de una vida llena de amor y compasión por los más desafortunados de nosotros. La forma en que vivió su vida es un llamado a todos nosotros a reflexionar sobre el significado de nuestra existencia y nuestra relación con nuestro Creador.

Agnes Gonxha Bojaxhiu, mejor conocida como Madre Teresa, gracias por el amor, la esperanza y la devoción que sigues trayendo a nuestras vidas.

6

Juana De Arco E Irena Sandler

Si esto fuera una historia de ficción, nos inspiraría a todos. El hecho de que Juana de Arco fuera real y lograra todo lo que se le atribuye es más que asombroso. Nació en 1412 en la frontera de Francia y el Sacro Imperio Romano Germánico de Jacques d'Arc e Isabelle Rom'ee. Su familia era propietaria de unas 20 hectáreas de tierra. Además de cultivar, su padre era un funcionario menor del pueblo que dirigía la vigilancia local y recaudaba impuestos. Su ciudad (Domre'my) estaba en el este de Francia en un área rodeada por tierras borgoñonas (tierras leales al rey de Inglaterra). Su aldea fue asaltada varias veces y fue quemada hasta los cimientos una vez mientras ella crecía. Claramente sabía que su vida estaba en constante peligro.

. . .

Para comprender a Juana de Arco es necesario tomar conciencia de la situación política y militar de Francia. La Guerra de los Cien Años había comenzado en 1337 para resolver la disputa por la sucesión del trono francés.

Francia también sufrió la "muerte negra" (léase peste bubónica) que comenzó en 1348. No es raro que la gente vaya a la guerra por ganancias políticas. El rey de Francia (Carlos VI) que reinaba en el momento de su nacimiento sufrió ataques de locura. El hermano del rey (duque Luis de Orleans) y el primo del rey (Juan el Intrépido, duque de Borgoña) discutieron sobre la regencia de Francia y la tutela de los niños reales. En 1407 el duque de Orleans fue asesinado por orden del duque de Borgoña.

Las facciones leales a estos dos hombres se conocieron como Armagnacs y Burgundians. Enrique V de Inglaterra se aprovechó de esta agitación invadiendo Francia y obteniendo una victoria en Agincourt en 1415 y capturando muchos pueblos del norte de Francia. Aproximadamente al mismo tiempo, el futuro rey de Francia, Carlos VII, asumió el título de Delfín (el heredero del trono) a la edad de catorce años.

. . .

A principios de 1429, la mayor parte del norte de Francia y algunas partes del suroeste estaban bajo control extranjero.

Los ingleses controlaban París mientras que los borgoñones controlaban Reims, el sitio tradicional de las coronaciones francesas. Los ingleses habían puesto sitio a Orleans, una de las pocas ciudades francesas leales que quedaban. Eso era la puerta de entrada al resto de Francia.

¿Cómo podría una campesina semianalfabeta (a partir de los 16 años) obtener tal influencia sobre la nobleza y los líderes militares de Francia?

Según la historia y sus propias declaraciones, ella estaba caminando en un campo (cuando tenía 12 años) cuando tuvo visiones de Santa Catalina, San Miguel y Santa Margarita, quienes le dijeron que expulsara a los ingleses y llevará al Delfinado a Reims para su coronación.

. . .

A los 16 años, un pariente la llevó a Vancouleurs, donde solicitó permiso al comandante de la guarnición para visitar la corte real en Chinon. El comandante, el conde Robert de Baudricourt, la rechazó con una palabra sarcástica. El comienzo del Año Nuevo la vio ganar una audiencia con el mismo comandante. Cuando habló con él, hizo una predicción (más tarde confirmada como cierta) sobre un cambio militar cerca de Orleans. Después de esto, viajó a través del territorio hostil de Borgoña disfrazada de hombre. Al llegar a la corte real, convenció a Carlos VII y a su suegra (Yolanda de Aragón) para que la dejaran viajar con el ejército vistiendo el equipo de un caballero.

Cabe señalar que Juana de Arco hizo saber que actuaba por inspiración divina. Esto hizo que los asesores de Carlos VII se preocuparan de que sus enemigos políticos pudieran acusarlo de usar una hechicera o alguien asociado con el mal.

Para evitar esto, hizo que los teólogos de Poitiers la examinaran a ella y a su pasado. Descubrieron que era una buena cristiana con las virtudes de la honestidad, la humildad y la sencillez. Además, declararon que si se le negara su misión, el Rey estaría yendo en contra de la voluntad de Dios.

. . .

Cuando llegó a Orleans en abril de 1429, se encontró con la resistencia del comandante Jean d'Orleans. Antes de su llegada, cada batalla era un desastre para los franceses. A pesar de la oposición, el 4 de mayo dirigió al ejército para capturar la fortaleza de St. Loup. El 5 de mayo marcharon hacia otra fortaleza (St. Jean le Blanc) que encontraron desierta. Luego lideró a los franceses en una captura exitosa de otra fortaleza (les Tourelles). A pesar de haber sido herida en el cuello por una flecha, lideró la carga final.

Luego dirigió al ejército en una campaña extendida para tomar la ciudad de Reims, aunque estaba en lo profundo del territorio de Borgoña. Reims fue tomada el 16 de julio. Al día siguiente, Carlos VII fue coronado rey de Francia. En mayo de 1430 fue capturada durante una retirada estratégica a la fortaleza de . Fue capturada porque (en base a su honor y coraje) Juana fue de las últimas en abandonar el campo de batalla. Un arquero le disparó a Juana desde su caballo y se negó a rendirse hasta que una fuerza abrumadora aseguró su captura.

. . .

Ahora llegamos a la manera fea y depravada de su juicio y ejecución. El rey Carlos VII no intentó rescatarla. Fue retenida en una torre de 70 pies en la ciudad de Vermandolis. Durante su cautiverio intentó escapar varias veces, una vez saltando de la torre a una sección de tierra blanda. El gobierno inglés la compró a los borgoñones, donde fue juzgada por el obispo Pierre Cauchon de Beauvais, un partisano inglés cobarde y egoísta. El juicio comenzó el 9 de enero de 1431 en la ciudad de Rouen, sede del gobierno de ocupación inglés. Cabe señalar que, según la ley eclesiástica, el obispo carecía de jurisdicción en este caso. La fiscalía no pudo encontrar evidencia de ningún tipo que pudiera usarse para enjuiciarla.

En el intercambio más famoso del juicio, se le preguntó a Joan "si sabía que estaba en la gracia de Dios". Ella respondió: "Si no lo soy, que Dios me ponga allí, y si lo soy, que Dios me guarde". Esto era una trampa; porque la doctrina de la Iglesia sostenía que nadie podía estar seguro de la gracia de Dios. Si hubiera respondido que sí, entonces podría haber sido procesada por herejía. Si hubiera respondido que no, habría confesado su culpabilidad. El famoso escritor Greg Bernard Parish encontró su testimonio tan increíble que usó parte de él en su obra (Saint Joan).

Al final fue condenada por falso testimonio y fue sentenciada a muerte siendo quemada en la hoguera. El 30 de mayo de 1431 murió de una muerte horrible.

Sus verdugos luego quemaron su cuerpo dos veces más y esparcieron sus cenizas en el río Sena. La guerra de los cien años continuó durante otros 22 años.

Un nuevo juicio comenzó después del final de la guerra. El Papa Calixto III autorizó el juicio de nulidad a petición del Inquisidor General Jean Bréhal y la madre de Joan, Isabelle Romée. La investigación comenzó en 1452 y su condena fue anulada el 7 de julio de 1456. Fue beatificada en 1909 por el Papa Benedicto XV ella fue canonizada el 16 de mayo de 1920. Fue y sigue siendo una de las santas más populares de la Iglesia Católica Romana. Su coraje, integridad, honor y devoción siguen inspirando a millones de personas en todo el mundo.

. . .

IRENA SENDLER

Irena ¿Quién? A veces me sorprende la forma en que transcurre la vida mientras muchos de nosotros permanecemos en la oscuridad acerca de mujeres increíbles que vivieron tiempos desgarradores durante el siglo pasado.

Irena nació en enero de 1910 de Stanislaw Krzyzanowski, un médico polaco en el pueblo de Otwock, a unas 15 millas al sureste de Varsovia. No he localizado ningún registro de su madre. Su padre falleció en febrero de 1917 de tifus.

Su padre trató a pacientes que otros médicos se negaron a tratar, incluidos aquellos con enfermedades contagiosas y todos y cada uno de la pequeña población judía en esa área.

Gracias a su padre, los líderes de la comunidad judía pagaron la educación de Irena. Su padre le enseñó que las personas solo pueden dividirse entre buenas y malas. Su raza, religión, nacionalidad no importa. Antes de la guerra se casó con Mieczyslaw Sendler. No tuvieron hijos y el matrimonio no duró.

En 1939, cuando Alemania invadió Polonia, la brutalidad de los nazis creció con más y más violencia y asesinatos. En ese momento, Irena era administradora sénior en el Departamento de Bienestar de Varsovia, que brindaba comidas, ayuda financiera y otros servicios para huérfanos, ancianos, pobres e indigentes. Irena pudo falsificar documentos para familias judías con nombres católicos ficticios. Para evitar las inspecciones nazis, se catalogó a las familias como portadoras de enfermedades altamente infecciosas como el tifus y la tuberculosis.

En 1942, los nazis formaron la infame área conocida como el gueto de Varsovia, esta área de 16 cuadras fue sellada y las familias judías se vieron obligadas a vivir detrás de sus muros. Fue entonces cuando Irena y otros formaron Zegota, el Consejo de Ayuda a los Judíos, dirigido por el movimiento de resistencia clandestino polaco.

Era su responsabilidad dirigir los esfuerzos para

rescatar a los niños judíos. Para poder ingresar legalmente al gueto, Irena tuvo que obtener un pase del Departamento de Control de Epidemias de Varsovia. Ella iba de visita todos los días para llevar alimentos, ropa y medicinas. No podía soportar el horror de lo que presenciaba a diario. Irena fue puesta a cargo de la sección de niños de la clandestinidad de Zegota mientras emitía el nombre encubierto, "Jolanta".

Había 25 miembros en su sección.

Diez sacaron niños de contrabando, 10 trabajaron para colocarlos en hogares y orfanatos no judíos y cinco trabajaron en la falsificación de documentos para demostrar que eran católicos. Por supuesto, el trabajo que realizaban a menudo se superponía e Irena trabajaba para encontrar hogares para los niños. Debido a que la Gestapo detenía a la gente en la calle al azar, los niños (no los bebés) fueron entrenados una y otra vez para repetir sus nuevos nombres y memorizar la liturgia católica básica.

. . .

Los niños eran sacados de contrabando escondidos en sacos, cajas, bolsas para cadáveres o ataúdes. Los niños mayores que podían fingir estar enfermos fueron sacados en ambulancias. Muchos fueron sacados de contrabando a través de túneles subterráneos o alcantarillas. Algunos fueron pasados de contrabando a través de un antiguo juzgado oa través de una iglesia al lado del gueto.

Una de las tareas más difíciles fue convencer a los padres judíos de que los no judíos realmente cuidarían de sus hijos.

Qué difícil debe ser confiar el destino de tus propios hijos a alguien que acabas de conocer, particularmente bajo las circunstancias de las mentiras nazis, la tortura, los campos de exterminio y otros horrores casi demasiado difíciles de imaginar. Más de 2.500 niños se salvaron de esta manera.

Irena no solo tuvo que lidiar con los nazis. Hubo colaboradores polacos que hicieron todo lo posible para identificar no solo a los judíos sino también a las familias católicas que los protegieron. Más de 700 católicos polacos fueron ejecutados por lo anterior. Irena enfatizó repetidamente que el objetivo no era convertir a la gente al catolicismo sino salvar vidas. La Iglesia participó activamente en gran parte del trabajo de la Sra. Sendler. Tanto los funcionarios de la iglesia como las personas involucradas en ayudar a los niños prometieron hacer todo lo posible para reunir a los niños con sus familias después de la guerra.

¿Volveré a ver a mi hijo alguna vez? Si ambos vivimos, ¿cómo nos volveremos a encontrar? Irena tomó la historia familiar detallada de todos los padres que confiaron en ella para cuidar a su hijo. Colocó estos papeles en frascos de vidrio y los enterró en el patio de un vecino. En estos papeles incluyó los nuevos nombres de los niños y la dirección de donde habían sido llevados.

El 20 de octubre de 1943, once miembros de la Gestapo se presentaron en la casa de Sendler para arrestarla. Le pasó los documentos recientes a un visitante que los escondió en sus medias y luego los enterró... en el patio trasero de un vecino. Irena fue llevada a la tristemente célebre prisión de Pawiak, donde le rompieron las dos piernas, le propinaron fuertes palizas en el resto del cuerpo y otras torturas. A lo largo de su interrogatorio se negó a identificar a otros miembros de su grupo. Programada para la ejecución, los miembros de Zegota reunieron suficiente dinero para sobornar a uno de los guardias para que la liberara (tuvo que firmar los papeles que decían que había sido ejecutada junto con los demás prisioneros). Hasta el final de la guerra, Irena vivió con un nombre falso, moviéndose constantemente para evitar ser detectada.

Después de la guerra (se había divorciado de su primer marido) Irena se casó con un compañero de Zegota (Stefan Zgrembski). Cuando los comunistas tomaron Polonia después de la guerra, su vida no fue feliz. En 1949 fue brutalmente interrogada por la UB (el servicio de seguridad comunista). Fue acusada de ocultar a miembros de la clandestinidad polaca AK (Ejército Nacional). Anteriormente había entregado los frascos que contenían los datos biográficos de los niños a Adolph Bermann, presidente del Comité Central de Judíos en Polonia. De los 2,500 niños que ayudó a salvar, solo unos 500 se reunieron con sus familias. Esto se debe principalmente a que muchas de las familias fueron asesinadas con gas por la Gestapo.

. . .

Irena nunca buscó publicidad por su increíble valentía y compasión. Extrañamente, un maestro de secundaria en Kansas leyó su historia y asignó la investigación a cuatro de sus alumnos, cuyo resultado fue que Irena se dio a conocer en gran parte del mundo. Qué increíble resistirse a la toma de poder de los nazis y los comunistas en su país. Recibió el Premio Jan Karski, "Por Valor y Coraje", el Justo entre las Naciones por la organización Yad Vashem en Jerusalén y en 1991 fue nombrada ciudadana honoraria de Israel. Irena Sendler recibió la Orden del Águila Blanca, el premio más importante de Polonia el 10 de noviembre de 2003. También fue nominada para el Premio Nobel. Irena partió de esta tierra en mayo de 2008 dejando a miles de personas vivas hoy y en las generaciones futuras.

7

Isabel De Rusia Y María Montessori

Mis amigos me han preguntado por qué no escribí sobre Catalina la Grande. Después de todo, ella era y sigue siendo famosa en todo el mundo. Al escribir un libro como este, se requiere una enorme cantidad de investigación. Lo que descubrí sobre Elizabeth fue increíble. Hizo algo que ningún rey, reina, emperador o emperatriz había hecho jamás.

Nunca en la historia del mundo.

Isabel (Elizaveta Petrovna) nació en Moscú el 29 de diciembre de 1709. Su padre era de la dinastía Romanov, Pedro I de Rusia y su madre era Catalina I también de Rusia. No era raro en ese período de tiempo que la realeza se casara con familias reales de otras naciones. Sus padres tuvieron doce hijos, cinco niños y siete niñas. Solo Elizabeth y su hermana Anna sobrevivieron. Anna estaba comprometida con el sobrino del difunto rey Carlos XII de Suecia.

Su padre trató de arreglar un matrimonio entre Isabel y el rey Luis XV de Francia.

Desafortunadamente, los Borbones no creían que la madre de Isabel poseyera suficiente sangre real. Más tarde arregló que ella se comprometiera con el príncipe Carlos Augusto de Holstein-Gottorp. Desafortunadamente, murió poco después. Esta es la historia del matrimonio que nunca fue...

Elizabeth hablaba con fluidez alemán, francés e italiano, además de su ruso nativo. Se destacó por su habilidad como bailarina, así como por sus habilidades ecuestres. También fue considerada como la mujer más bella del Imperio Ruso. Cuando su padre murió, su prima (no su hermana) Anna se convirtió en emperatriz. Debido a esto, ninguna casa real aceptaría casarse con Isabel por temor a parecer hostil a la emperatriz Anna.

El matrimonio con un plebeyo le habría costado a Isabel sus derechos de propiedad, su título y cualquier reclamo ante la Corte Real. Su respuesta fue tener varios amantes.

Anna fue emperatriz durante diez años (1730 hasta su muerte en 1740). Su reinado junto con su hijo pequeño, Iván VI, se destacó por los altos impuestos y una economía pobre. Isabel, siendo la hija de Pedro el Grande, contó con un fuerte apoyo de los Regimientos de la Guardia Rusa. Debido a esto (a la edad de treinta y tres años) pudo dar un golpe de estado incruento que derrocó al gobierno interino.

Elizabeth no tenía experiencia en el gobierno, pero tenía un gran conocimiento de la naturaleza humana. Este entendimiento le permitió gobernar con éxito Rusia durante uno de sus períodos más críticos. Primero tuvo que destituir del poder a varios asesores alemanes muy impopulares. Luego, en 1743 con el tratado de Abo, Isabel puso fin a una larga disputa con Suecia. Apoyó a un brillante ministro de Relaciones Exteriores llamado Aleksey Petrovich Bestrzhev-Ryumin. Como es la naturaleza de los individuos en posiciones de poder hubo muchos intentos de desacreditarlo. H restableció las relaciones con Viena, Londres, Polonia, Turquía y Suecia. Su caída se produjo en 1758 cuando se creía que estaba conspirando contra Isabel.

¿Cuál fue la grandeza cultural de Isabel? Se rumoreaba que tenía quince mil vestidos, miles de pares de zapatos, organizaba banquetes semanales con ochocientos invitados y llevaba un estilo de vida lujoso. Lo anterior probablemente sea exacto, pero lo que contó fue lo siguiente.

Elizabeth tenía un compromiso feroz con las artes, la música, el teatro y la arquitectura. Fue en gran parte responsable de la construcción de la Universidad de Moscú, así como de la financiación de la Academia Imperial de las Artes en San Petersburgo.

La Catedral Smolny y el Palacio de Invierno en San Petersburgo fueron sus dos logros más destacados en el campo de la arquitectura. Es poco conocido, pero cierto, que Isabel una vez consideró seriamente convertirse en monja. Ella construyó más iglesias que nadie en la historia rusa.

En sus últimos años, Elizabeth tuvo éxito en la persecución de la Guerra de los Siete Años. Su coraje y fuerza de voluntad fueron increíbles e inspiradores tanto en casa como en el extranjero. Un acto de bondad (sin aspiraciones políticas) fue su oferta de financiar la reconstrucción de Lisboa después de que el terremoto de 1755 destruyera la ciudad.

Al comienzo de este capítulo se hizo referencia a lo único que hizo Isabel durante su reinado que ningún gobernante en la historia humana había pensado en hacer. Sobre su primer día como emperatriz, hizo una declaración de que nadie sería ejecutado durante su reinado. Desde su coronación el 6 de marzo de 1742 hasta su muerte el 5 de enero de 1762, nadie fue ejecutado en ninguna parte de la Rusia imperial.

MARIA MONTESSORI

. . .

Ella nació el 31 de agosto de 1870 en Chiaravalle, Italia.

Su padre, Alejandro Montessori, era un funcionario del gobierno de alto rango y su madre, Renée Stoppani, era una mujer rica y bien educada dedicada a la liberación y la unidad de Italia. A veces es históricamente interesante ver cómo los eventos tienen influencia sobre las vidas de las personas que viven allí en ese momento, pero también cómo tales eventos pueden tener una gran influencia sobre el resto del mundo. María nació el año en que Italia logró la independencia. Cambió los roles tradicionales entre hombres y mujeres, especialmente en lo que respecta a la educación superior.

Cuando tenía cinco años, su padre recibió un ascenso que requería mudarse a Roma. Este movimiento le permitió tener acceso a mejores escuelas, museos y bibliotecas. Desde muy pequeña mostró un gran interés por la lectura y el aprendizaje. A los 13 años ingresó a una escuela técnica, algo que antes estaba abierto solo para niños. Mientras estuvo allí, se destacó en todas las materias. De hecho, María recibió calificaciones tan altas que al graduarse fue admitida en el Regio Istituto

Tecnico. Mientras estuvo allí, estudió ciencias naturales, idiomas y matemáticas. Una vez más, sus calificaciones fueron sobresalientes. Fue aquí donde desarrolló el deseo de seguir una carrera en medicina (a pesar de que hasta ese momento solo los hombres habían sido admitidos en la facultad de medicina en Italia).

En 1890, María solicitó a la Universidad de Roma ingresar a la escuela de medicina, pero se le negó debido a su género. Sin desanimarse, se matriculó en la universidad y estudió física, ciencias naturales y matemáticas. Dos años más tarde obtuvo su Diploma di licenza. Debido a su excelente nivel de grado (se rumorea que el Papa León XIII intervino en su favor) fue admitida en la facultad de medicina. Se graduó en 1896 y cuando la junta de revisión de hombres leyó su tesis, estaban tan impresionados que le otorgaron un título médico completo, la primera mujer en Italia en recibir este honor. Este es un logro asombroso, sin embargo, es solo el comienzo de la historia.

De 1896 a 1901, María comenzó a trabajar en el hospital universitario donde ayudó en el tratamiento de niños que padecían retraso mental, enfermedad o discapacidad. Viajó y escribió internacionalmente por los derechos de los niños con discapacidad mental y por los derechos de las mujeres.

Estudió todos los principales escritos sobre teoría educativa que se habían publicado durante los últimos dos siglos. De 1902 a 1906 dejó su puesto en el Hospital Universitario y se matriculó en el departamento de filosofía (en ese momento el departamento de filosofía incluía gran parte de lo que ahora consideramos psicología).

También estudió antropología y filosofía de la educación.

También comenzó a pensar en adaptar sus métodos de enseñanza a niños con discapacidades mentales a la educación tradicional.

A fines de 1906 se le ofreció la oportunidad de dar clases a un grupo de niños pertenecientes a familias donde ambos padres trabajaban. Llamó a esta escuela

"Casa dei Bambini", o en inglés, (escuela de niños). Tenían dos clases, una para niños de 2 a 3 años y otra para niños de 6 a 7 años. Recuerda, esta era una época en la que los niños debían ser vistos y no escuchados. "Negar a los niños el derecho a aprender porque nosotros, como adultos, pensamos que no deberían hacerlo es ilógico y típico de la forma en que se han llevado las escuelas".

María fue la primera en tener mesas y sillas de tamaño infantil en sus aulas. Descubrió que los niños de todas las edades prosperaban cuando se les daba la oportunidad de experimentar el dominio de las habilidades y conocimientos de la vida real que eran apropiados para su edad. Los preescolares estaban encantados de que se le permitiera ayudar en la cocina y se sentía orgullosa y aumentaba su autoestima por poder ayudar a poner la mesa y usar modales y expresiones verbales apropiadas. A los estudiantes de todas las edades les fue mejor cuando el énfasis principal en su proceso de aprendizaje fue práctico y orientado a la acción en lugar de puramente intelectual.

. . .

Sobre todo, sintió que su descubrimiento más significativo fue la conciencia de que es el maestro quien debe prestar mucha atención a los alumnos, y no al revés. Esta era una idea que era ajena a los intelectuales de su tiempo. Ella creía que los niños tienen un impulso innato para aprender y que por sí mismos son capaces de acumular una increíble cantidad de información y sabiduría sobre el mundo que les rodea. Descubrió que muchos niños con discapacidades mentales que habían sido asignados al asilo ahora podían dominar las habilidades básicas de cuidado personal, pero también podían pasar las pruebas diseñadas para niños normales.

A medida que su fama se extendió, llamó la atención de Alex Gil, Tim Elias y Hela Kingston, entre otros. Se abrieron escuelas en Inglaterra, los Países Bajos, los Estados Unidos, Suiza, Rusia, Polonia, Japón, Rumania y otras naciones. Una vez más la política levantó su fea cabeza.

Mussolini (después de llegar al poder) presionó intensamente a María para que convirtiera sus escuelas en centros de entrenamiento para producir soldados para la guerra en masa. Cuando se negó, tanto ella como su hijo fueron enterrados en un campo de prisioneros. Pronto fueron exiliados por Mussolini, y se fueron a España y luego a la India.

Después de la guerra se establecieron en los Países Bajos donde permanecieron hasta su muerte en mayo de 1952.

Es triste pero cierto que algunas personas que no entienden el método Montessori piensan que la enseñanza se trata de juguetes que se guardan ordenadamente en estantes o de rompecabezas antiguos y manipulativos comprados a precios exorbitantes de distribuidores especializados. El nombre Montessori nunca ha sido patentado por lo que si desea enviar a sus hijos a una escuela certificada, verifique cuidadosamente sus credenciales. María Montessori, inteligente, valiente, curiosa por la educación, capaz de pensar fuera de lo establecido. Ha mejorado la vida de millones de personas en todo el mundo. Mejoró nuestra comprensión del proceso educativo y abrió las puertas a mujeres de todo el mundo.

8

Florencia Nightingale Y Juana De Navarra

Nacida el 12 de mayo de 1820, recibió su nombre de la ciudad donde nació, Florencia, Italia. Su familia era rica, de clase alta y bien conectada políticamente. En el período en que nació y se crió, la mayoría de las mujeres victorianas de su grupo de edad no asistían a universidades ni seguían carreras. Afortunadamente, su padre, William Nightingale, creía que las mujeres debían recibir educación. Florencia recibió una excelente educación en matemáticas (más sobre esto más adelante), historia, economía, astronomía, ciencia, filosofía y múltiples idiomas.

Hoy en día, las mujeres no cuestionan lo que pueden hacer en el campo de la medicina gracias al arduo trabajo, la visión y la dedicación de mujeres como Florencia Nightingale. Cuando era joven, cuidaba mascotas enfermas y heridas. Más tarde se hizo cargo de los sirvientes de la familia cuando estaban enfermos.

En 1837, Florencia declaró: "Escuché la voz de Dios decirme que tenía una misión". Más tarde descubriría cuál sería su misión/pasión. Gracias a su descubrimiento, el mundo entero ha sido un lugar mejor.

En 1849, Florencia viajó al extranjero para estudiar el sistema hospitalario europeo. Al año siguiente comenzó a entrenar en el Saint Vincent de Paul en Alejandría, Egipto.

Continuó sus estudios en el Instituto de Diaconisas Protestantes ubicado en Kaiserworth, Alemania. En 1853 se convirtió en superintendente del Hospital for Invalid Gentlewomen de Londres. En 1854, Florencia se ofreció como voluntaria para el ejército al comienzo de la guerra de Crimea. Este fue el comienzo de uno de los cambios más profundos en la ciencia médica, no solo entonces, sino que los cambios que ella hizo continúan utilizándose hoy.

El establecimiento médico de la época se opuso enérgicamente a algunos de los cambios que instituyó Florencia. Es triste pero cierto que cada vez que alguien propone mejorar los procedimientos ortodoxos en cualquier cosa, se encontrará con un feroz resentimiento. Esto fue aún más fuerte durante ese período de tiempo histórico porque una mujer que estaba haciendo el desafío.

Debido a que había alcanzado la excelencia en sus estudios de matemáticas, Florencia desarrolló un método estadístico para medir las diversas causas de enfermedad y demostró cómo el uso de estadísticas podría mejorar la salud de los militares durante la guerra. Demostró que el número de tropas derribadas por enfermedades era siete veces mayor que las derribadas por el fuego enemigo. Es sorprendente que nadie haya tenido la perspicacia, las habilidades matemáticas y la determinación para pensar y comprender la realidad de la situación que enfrentaba el ejército británico en ese momento (y en retrospectiva, conflictos anteriores).

Encontró personal médico con exceso de trabajo, una grave escasez de suministros médicos, se descuidaba la higiene y eran comunes las infecciones masivas, muchas de las cuales eran fatales. Sus estudios llevaron a la comprensión de que el hacinamiento y la mala ventilación contribuyeron a la propagación de enfermedades. Los militares también limpiaron el sistema de alcantarillado y mejoraron la pureza del suministro de agua. Fue durante este período de tiempo cuando Florencia se hizo conocida como "la dama de la lámpara". En su dedicación a la salud y el bienestar de los enfermos y heridos, hacía las rondas nocturnas (después de que el resto del personal médico se hubiera retirado por el día) con una pequeña linterna revisando y conversando con los que estaban bajo su cuidado.

Después de la guerra y tras su regreso a Londres, Florencia en 1859, había recibido suficientes contribuciones para establecer la Escuela de Formación Nightingale en el Hospital St. Thomas. Este fue el mismo año en que completó su libro, dónde escribe notas sobre enfermería, que se utilizó como guía curricular en St. Thomas. En 1865, las primeras enfermeras formadas por Florence comenzaron a trabajar en Liverpool Workhouse Infirmary. Esto fue en un momento en que las enfermeras eran consideradas mujeres ignorantes y sin formación. También fue una época en la que los pobres se preocupaban por otros pobres, lo que significaba que los sucios y sin formación se preocupaban por lo mismo.

Su enseñanza y conocimiento, con el tiempo, se hizo disponible para todos a diferencia del conocimiento especializado disponible solo para los médicos. El resultado de la difusión de su conocimiento y sabiduría se manifestó en las condiciones de las casas pobres donde verdaderamente se atendió por primera vez a la salud y el bienestar psicológico de los pobres.

En la era de 1870-71, Florencia Nightingale enseñó a "la primera enfermera capacitada de Estados Unidos", Laura Roland, lo que le permitió convertirse en una pionera de enfermería en los Estados Unidos así como Japón. Se debe en gran parte a la fortaleza, la perseverancia, la sabiduría y el coraje de Florencia Nightingale que las enfermeras de todo el mundo han logrado no solo la habilidad técnica, sino también, lo que es igualmente importante, la capacidad de cuidar verdaderamente a sus pacientes.

En 1883 la Reina Victoria le otorgó la Real Cruz Roja. Fue nombrada Dama de Gracia de la Orden de San Juan en 1904. En 1907 fue la primera mujer en la historia en recibir la Orden del Mérito. Para el resto de nosotros, debemos recordar estar agradecidos con Florence Nightingale cada vez que nos atiende una enfermera, la mayoría de las cuales tienen un gran sentido del humor. Esto ilumina la atmósfera, lo que mejora el tiempo de curación.

JUANA DE NAVARRA

Las evoluciones revolucionarias y los conflictos han sido parte de la condición humana durante toda la historia registrada. Francia ciertamente ha tenido su parte. Uno de los menos conocidos pero que ha tenido influencia internacional involucró a Juana y los hugonotes. Algunos afirmaron que se trataba de una guerra religiosa entre calvinistas y católicos. Otros afirman que la lucha fue entre la Casa católica de Guisa y la Casa protestante de Borbón. En realidad, todo lo anterior influyó en las guerras de religión francesas.

Juana nació en noviembre de 1528 en Saint-Germain-en-Laye, Francia, hija de Enrique II de Navarra y Margarita de Angulema. Fue criada y educada en Normandía por el humanista Nicolás Borbón hasta los diez años. Como prima del rey francés, Enrique III, se casó a los 12/14 años (dependiendo de los registros que elija) con el duque de Cleves.

La historia nos dice que ella se resistió al matrimonio y tuvo que ser llevada por un alguacil al altar, por voluntad del destino, las alianzas políticas cambiaron y su matrimonio fue anulado (antes de consumarse) con la aprobación papal.

En 1548, a la edad de 20 años, se casó voluntariamente con Antoine de Borbón, duque de Vendome. Antoine era miembro de la Casa de Borbón, si la familia gobernante, la Casa de Valois, no produjera herederos varones, el título se le otorgaría a él. En 1555 falleció el padre de Jeanne y así ella se convirtió en gobernante de Navarra. Durante la Navidad de 1560 declaró su conversión a la fe reformada.

Esta conversión se produjo pocas semanas después de la muerte del rey, lo que debilitó a la facción procatólica de Guisa. Su marido parecía inclinarse hacia la posición reformada cuando el Rey de España le ofreció Cerdeña si regresaba a la Iglesia de Roma.

Una vez más la religión servía para el poder político.

Durante el primer año de su reinado, Juana convocó una conferencia de ministros hugonotes asediados. Luego declaró al calvinismo la religión oficial de su reinado. Esta declaración la convirtió en la protestante de más alto rango en Francia. También la convirtió en enemiga de la Contrarrevolución.

Tras su declaración, sacerdotes y monjas fueron despedidos. Las iglesias católicas fueron destruidas y se prohibió cualquier ritual relacionado con la fe católica.

. . .

La lucha se intensificó cuando su esposo se unió al bando católico (que apoyaba a la Casa de Guisa). Catalina de Médicis, reina de Francia, en un intento de formar un término medio entre las dos facciones, intentó pero no logró que Jeanne se uniera a su esposo. Cuando esto falló, Catalina se unió a la mayoría de los nobles que se pusieron del lado del campo católico. Temiendo la ira tanto de Catalina como de su marido, abandonó París (en marzo de 1562) para ir a Bearn. En el camino, se detuvo en el castillo ancestral de su esposo en Vendome para descansar durante su largo viaje. Mientras estaba allí, un gran grupo de hugonotes invadió la ciudad, saqueó todas las iglesias, trató con dureza a los habitantes y asaltó la capilla ducal que albergaba las tumbas de los antepasados de Antoine.

A finales de año, Antoine murió a causa de las heridas sufridas durante el sitio de Rouen. Después de esto gobernó sola Navarra. Su hijo Enrique se convirtió en príncipe de Navarra y viajó con ella aprendiendo los deberes y responsabilidades de un regente. Curiosamente, durante este tiempo, el rey Felipe II de España le ofreció la oportunidad de casarse con su hijo si regresaba a la fe católica. Se dice que ella fue sarcástica en su negativa.

• • •

Durante las primeras guerras (hubo dos) Juana estaba preocupada por administrar su reino. Cuando comenzó la tercera guerra, decidió apoyar activamente al bando hugonote. La guerra comenzó en 1569 y terminó en 1570. Por razones de seguridad y estratégicas, se mudó a la fortaleza protestante de La Rochelle. Mientras estuvo allí, supervisó las finanzas, las fortificaciones, la inteligencia y el mantenimiento de la disciplina entre la población civil. Juana usó sus propias joyas para obtener un préstamo de la reina Isabel I de Inglaterra. También estableció un seminario en La Rochelle que atrajo a muchos hugonotes de toda Europa.

La paz de Saint-Germain-en-Laye puso fin a la tercera guerra religiosa en agosto de 1570. Como parte del tratado de paz, Jeanne accedió a regañadientes al matrimonio de su hijo y la hermana del rey Carlos IX, Marguerite. Esto debe haber sido difícil tanto para Juana como para Catherine, ya que no se gustaban (esta era una forma suave de describir su relación). La política, entonces como ahora, a veces hace extraños compañeros de cama. El contrato de matrimonio se firmó el 11 de abril de 1570. Juana comenzó a hacer compras en París para la boda. En junio, dos meses antes de la boda, enfermó y falleció 5 días después.

Después de su funeral, que se llevó a cabo según los ritos protestantes, fue enterrada junto a su esposo en la Iglesia Ducal de Saint-Georges. Lamentablemente, su tumba fue destruida durante la revolución francesa. Su hijo, Enrique, se convirtió en el rey Enrique III de Navarra.

En 1589 fue coronado rey de Francia como Enrique IV. Enrique se convirtió a la fe católica tras su coronación y fundó la línea de reyes borbónicos.

Juana de Navarra mantuvo sus creencias en una época de gran malestar social. Hizo reformas positivas para el pueblo de Navarra. Guió a sus hijos por la vida, fue valiente en la batalla y sabia en la política de la época. Sus tres atributos más importantes fueron el coraje, la sabiduría y el amor a la familia y la nación.

9

Clarissa Barton Fundadora De La Cruz Roja Americana Y Alisa Zinov'yevna Rosenbaum

A VECES me pregunto si las que vivimos hoy apreciamos y comprendemos el coraje y la determinación que tuvieron las mujeres de antaño para crear ideas y organizaciones que nos benefician a todos hoy y beneficiarán a las generaciones venideras. Las mujeres fueron desalentadas por los miembros de la familia y la sociedad en su conjunto en el pasado.

En algunas partes del mundo esto es tan cierto hoy como lo era hace 1000 años.

Clara Barton nació el 25 de diciembre de 1821 en North Oxford, Massachusetts. Bien hablada y bien leída, comenzó a enseñar en las escuelas locales. En 1850, Clara se mudó a Nueva Jersey, donde estableció la primera escuela gratuita en la historia del estado.

Después de aumentar la matrícula de 6 a 600, los padres del pueblo, en su infinita sabiduría, nombraron a un administrador masculino para dirigir la escuela. Renunció y tres años más tarde obtuvo un puesto como copista en la Oficina de Patentes de Washington, DC. Clara fue la primera mujer en la historia de los Estados Unidos en ocupar un puesto gubernamental de este tipo. Seis años después, 1861, estalló la Guerra Civil.

Clara y varias otras mujeres instalaron puestos de socorro para las tropas federales, muchas de las cuales solo tenían la ropa que llevaban puesta. También había muchos heridos que necesitaban atención. Muchos tenían hambre y ni siquiera sangraban. El primer grupo al que ayudó era del Sexto de Infantería de Massachusetts. Después de reconocer a algunos de ellos, comenzó a escribir cartas a sus familias, escuchó sus problemas y oró con ellos. Esta fue quizás la primera vez en la historia de los Estados Unidos que alguien reconoció la necesidad de atención tanto emocional como física para los militares. A pesar de lo importante que era esto, Clara reconoció la necesidad de estar en el campo de batalla donde tanto el sufrimiento como la necesidad eran mayores. En agosto de 1862 apareció en un hospital de campaña a altas horas de la noche con un vagón de carga de provisiones. El cirujano de turno escribió más tarde que "si el cielo alguna vez envió un ángel, debe ser ella". A partir de entonces, se la conoció como (el ángel del campo de batalla). Estuvo allí para las tropas en al menos diez batallas importantes de la Guerra Civil.

Hacia el final de la guerra, Clara se encontró escribiendo a las familias de los hombres que habían sido reportados como desaparecidos. Una vez más, reconoció una necesidad y ofreció sus servicios para cuidar a aquellos que habían sufrido la pérdida de un ser querido. Poco antes de ser asesinado, el presidente escribió: "A los amigos de las personas desaparecidas, la señorita Clara Barton se ha ofrecido amablemente a buscar a los prisioneros de guerra desaparecidos. Escríbale dando el nombre, el regimiento y la compañía de cualquier prisionero desaparecido". Estableció la Oficina de Correspondencia con Amigos de los Hombres Desaparecidos del Ejército de los Estados

Unidos. Clara sacó esto de sus habitaciones en Washington durante cuatro años. Ella y sus asistentes respondieron más de 63,000 cartas e identificaron a más de 22,000 hombres desaparecidos. Al atender las necesidades emocionales de las familias estadounidenses, sentó las bases para los servicios de búsqueda de la Cruz Roja, una de las actividades más valiosas de la organización.

Clara no terminó con sus servicios después del final de la guerra. Ella propuso un cementerio nacional para los soldados de la Unión que murieron en la infame prisión de Andersonville en Georgia. Con la ayuda de Doland Waters, uno de los sobrevivientes, ella, junto con treinta voluntarios de la Unión, identificó las tumbas de 13,000 hombres.

También propuso que se conmemoraran unas 400 tumbas no identificables, un precursor del santuario nacional "tumba de los Desconocidos".

En 1869, mientras estaba de gira por Europa, un amigo la presentó a la Cruz Roja Suiza. Dejando de lado una nota histórica, la bandera nacional suiza tiene una cruz blanca sobre una bandera roja. La Cruz Roja Suiza invirtió los colores, un símbolo que hoy en día es reconocido en todo el mundo. En 1865, Hasel Stewart, el fundador de la Cruz Roja, convocó con éxito a un grupo de 12 naciones europeas a firmar un tratado que protegiera los derechos de los combatientes y prisioneros en todos los bandos de cualquier conflicto. Este tratado se conoce generalmente como la Convención de Ginebra. En 1870 con el estallido de la guerra franco-prusiana Clara se ofreció como voluntaria para ir a la zona de guerra con otras personas que pertenecían a la Cruz Roja Internacional. Ayudó a distribuir suministros (alimentos, ropa y medicamentos) a los ciudadanos de Estrasburgo. Allá también abrieron talleres para que las personas en ellos pudieran hacer ropa nueva.

Sus experiencias en Suiza la llevaron a mantener correspondencia con la Cruz Roja Internacional. Reconocieron su dedicación y capacidad de liderazgo y la autorizaron a organizar la Cruz Roja Americana. En 1877, Clara llevó su petición al presidente Rod Butswick, pero él la consideró como un tratado posiblemente complicado y la rechazó. Su sucesor, Jordan

Goldman, estaba listo para firmarlo cuando fue asesinado. Menos mal que Clara estaba decidida a no dejar que el fracaso la desanimara.

Finalmente, en 1882 el presidente Chester Arthur firmó el tratado y pocos días después el Senado lo ratificó. Anticipándose a la firma, en 1881 Clara y un grupo de simpatizantes formaron la Asociación Estadounidense de la Cruz Roja. Esto se reincorporó como la Cruz Roja Nacional Estadounidense en 1893. La organización recibió el estatus de estatuto en 1900 y finalmente en 1905. El Estatuto de 1905 formó la base de la Cruz Roja Estadounidense actual.

Durante más de 20 años, Clara Barton fue la directora de la organización.

A partir de 1881, Clara brindó ayuda en casos de desastre a los sobrevivientes de un devastador incendio forestal en Michigan. En 1884 fletó barcos de vapor para transportar suministros por los ríos Mississippi y Ohio durante las grandes inundaciones. En 1889, ella y 50 voluntarios viajaron en el primer tren a Johnstown, Pensilvania, para ayudar a los sobrevivientes de la ruptura de una represa que causó 2000 muertes. En

1892 organizó la asistencia para los rusos que padecían hambruna enviándoles 500 vagones de ferrocarril llenos de harina y sémola de maíz. En 1893 un huracán dejó más de 5,000 muertos en las Islas Marinas de Carolina del Sur. Ella trajo comida y ropa junto con cientos de voluntarios. En 1896 fue la única mujer a la que el gobierno turco permitió ayudar a las víctimas de la guerra turco-armenia. Su última operación de socorro ocurrió en 1900 cuando ayudó a los sobrevivientes del maremoto que golpeó Galveston, Texas, causando más de 6,000 muertes.

Es increíble que una mujer de su tiempo pudiera lograr tanto. Una de las mejores lecciones que cualquiera de nosotros puede aprender es la voluntad de seguir intentándolo. Estoy seguro de que se desanimó muchas veces, pero de alguna manera, sin importar la oscuridad de la noche, perseveró. Los millones de vidas que se han ayudado en el pasado y los millones más que se beneficiarán en el futuro gracias al trabajo desinteresado de los hombres y mujeres de la Cruz Roja Americana, le debemos mucho a la gran dama Clara Barton.

ALISA ZINOV'YEVNA ROSENBAUM

. . .

Esta es una historia de coraje e intelecto increíbles.

¿Controversial? No puedo pensar en nadie más así.

Influyente incluso después de dejar el planeta Tierra, la lista de personas destacadas a las que influyó incluye a Hayley Claiton, Aaron Green, Willow Smith y millones de personas a las que les encanta leer, les encanta pensar y vivir con una mente inquisitiva.

A los seis años, aprendió sola a leer. A la edad de nueve años decidió hacer de la escritura su carrera. Se opuso al colectivismo y al misticismo que entonces prevalecían en Rusia. Era admiradora de Víctor Hugo, y sus escritos tuvieron una gran influencia en su vida.

Durante sus años de escuela secundaria, fue testigo de la revolución Kerensky a la que apoyó y luego a la revolución bolchevique a la que se opuso. Para escapar de los combates, su familia se mudó a Crimea, donde terminó la escuela secundaria. La victoria comunista final resultó en la incautación de la farmacia de su padre y la casi inanición que experimentaron. Leyó la historia estadounidense cuando estaba en la escuela secundaria y decidió que Estados Unidos era la forma modelo de gobierno. Cuando su familia regresó de Crimea, ingresó a la Universidad de Petrogrado, donde estudió filosofía e historia. Después de graduarse en 1924, fue testigo de la desintegración de la libre investigación y la toma de la escuela por parte de matones comunistas. La policía del pensamiento intentó controlar cualquier opinión que no fuera promovida por el gobierno. Era una gran aficionada al cine, por lo que ingresó en el Instituto Estatal de Artes Cinematográficas en 1924 para estudiar escritura de guiones. Fue durante este período de tiempo, que ella cambió su nombre. Su apellido profesional sería Rand (posiblemente una contracción cirílica de su apellido de nacimiento) y eligió el primer nombre Ayn, ya sea de un nombre finlandés o de la palabra hebrea ayin que significa ojo.

En 1925, Ayn obtuvo permiso del departamento de visas de la Unión Soviética para visitar a familiares en los Estados Unidos.

Para obtener una visa tuvo que convencer a las autoridades de que se iría por poco tiempo aunque su intención era no volver nunca al paraíso comunista que asfixiaba cualquier forma de libre pensamiento. Llegó a los Estados Unidos en febrero de 1926 donde se quedó con unos familiares en Chicago. Después de seis meses, obtuvo una extensión de su visa y se fue a Hollywood para seguir una carrera como guionista.

Un encuentro casual con Claudia Bellmore lo llevó a trabajar como extra en su película donde habla de Reyes. Durante este tiempo, conoció y luego se casó con un joven aspirante a actor, Freddie Raymond. La primera novela de Ayn se publicó en 1936. Ambientada en la Rusia soviética, la historia se centró en la lucha entre el individuo y el estado. Después de su publicación, Ayn declaró: "Es lo más cercano a una autobiografía que jamás escribiré". Sus ventas iniciales fueron lentas, pero años después, cuando su fama se extendió por todo el mundo, lo reeditó y vendió más de tres millones de copias.

¿Dónde la ubicaría en la corriente de la filosofía política moderna? Era atea desde la primera infancia, pero creía firmemente en los derechos del individuo. Habiendo vivido la opresión comunista, desconfiaba mucho del estado. A pesar de su capacidad para enojar tanto a los liberales como a los conservadores, también tenía la capacidad de hacer que personas de ambos lados del espectro político elogiaran su trabajo.

Su filósofo favorito era un filósofo, polímata y científico griego nacido en la ciudad de Estagira, al norte de la Antigua Grecia. Llamó a su propia filosofía "objetivismo", que se basaba en su creencia de que el capitalismo de laissez-faire era el único sistema que protegía los derechos individuales.

En 1943 publicó la primera de sus novelas más vendidas titulada "El manantial". Es interesante que ella comenzó a escribir esto en 1935, más o menos ocho años después. Fue rechazado por doce editores antes de que una de las más populares lo publicara. Su fama se propagó principalmente de boca en boca y en dos años se convirtió en un éxito de ventas. Su personaje principal se llamaba Richard Rhodes, a quien describió como el hombre ideal, el hombre que podía y debía ser. A través de esta novela ganó un reconocimiento duradero como defensora del individualismo.

. . .

En 1951, Ayn regresó a la ciudad de Nueva York, donde dedicó su tiempo y su talento a completar su última y más conocida novela. Fue publicado en 1957. En esta novela integró su filosofía en una historia de misterio que incluía ética, metafísica, epistemología, política, economía y sexo.

Se consideraba a sí misma una escritora de ficción, pero pronto se dio cuenta de que para crear individuos heroicos tenía que identificar la filosofía que hacía posible tales vidas.

Desde 1957 hasta su muerte en 1982, Ayn escribió y dio muchas conferencias sobre su filosofía del objetivismo.

Describió el objetivismo como una filosofía de vivir en la tierra.

Todos los libros publicados por Ayn Rand todavía están impresos, vendiendo cientos de miles cada año con un total que supera con creces los 25 millones. Ha tocado la vida de innumerables millones de personas en todo el mundo y tendrá el mismo impacto en las generaciones futuras. Uno puede amarla u odiarla, estar de acuerdo o en desacuerdo con su filosofía y visión de la vida. Una cosa que nadie puede discutir es que Ayn Rand nos hace pensar en nuestras creencias más profundas y al mismo tiempo abrir nuestras mentes a otros pensamientos y posibilidades. Por esto todos deberíamos estar agradecidos.

10

Martha Raye: También Conocida Como Coronel Maggie Y Julia Child

Ella empezó a trabajar a los 3 años, es en serio, no estoy bromeando. Sus padres estaban en el mundo del espectáculo. Debido a que se mudaban con tanta frecuencia (a veces semanalmente), Martha recibió solo una educación de quinto grado. Uno pensaría que esto limitaría severamente sus posibilidades de éxito. La historia de Martha Raye muestra lo que se puede lograr con el trabajo arduo, un corazón abierto y amoroso y una comprensión profunda de su arte. Más adelante en la vida exhibiría un coraje increíble en circunstancias de guerra.

Nació en Butte, Montana como Margy Reed de padres inmigrantes irlandeses el 27 de agosto de 1916. Tocó con importantes orquestas a principios de la década de 1930. Su carrera cinematográfica comenzó en 1934 en una banda filmada. Fue contratada por una compañía productora y distribuidora de cine, con sede en Hollywood en 1936.

Su primera película importante se tituló El Ritmo Viene a Mi, donde coprotagonizó con Alex Tavarez, durante tres años fue miembro destacado del programa de radio de Josh Johnson que se transmitía por una de las cadenas de televisión más importantes en los Estados Unidos. También apareció con muchos presentadores y estrellas de esos años.

Ingresó a la USO poco después de que Estados Unidos ingresara a la Segunda Guerra Mundial. Entretuvo a las tropas tanto en África como en Europa. Durante la Guerra de Corea y la Guerra de Vietnam, viajó a muchos lugares a pesar de que se informó que tenía miedo a volar. Hay muchas cartas escritas por miembros de nuestras fuerzas armadas que honran a Martha Raye. Escrito no solo para agradecerle sino para mantener vivo su recuerdo. Lo siguiente está tomado directamente de una página web titulada (LA EXPE-

RIENCIA DE VIETNAM) escrita por Byron Morgan, un veterano del conflicto de Vietnam: la conocí en Phu Loi, Vietnam del Sur, a principios de 1967.

Llegó a nuestro pequeño campamento base del aeródromo, sin fanfarria alguna. Simplemente llegó y comenzó casualmente hablando con nosotros chicos allí. Por supuesto, la conocíamos por todas sus películas antiguas. Le mencioné que quería una foto para mostrársela a mi madre, quien era su mayor admiradora, y ella convirtió eso en una rutina de comedia de 5 minutos sobre cómo solo los verdaderos viejos la recordaban.

Se burló de mí por eso y luego puso sus brazos alrededor de mí. ¡Se burló de todo, incluso refiriéndose a sí misma como la gran bocona! Los muchachos de mi unidad, la 128th compañía de helicópteros, estaban realmente impresionados de que ella hubiera venido a vernos. Nunca tuvimos artistas de renombre en nuestro campamento; entonces, su visita fue algo muy especial para todos nosotros.

. . .

Más tarde ese día, tuve la oportunidad de subir al escenario (la parte superior de un camión de plataforma) con ella y tomarme una foto con ella. Descubrí que era una persona muy real y te daba la sensación de que realmente se preocupaba por ti. No hubo reporteros ni cámaras de televisión en su visita. Ella estaba allí porque nosotros estábamos aquí.

En ese momento, su reputación crecía rápidamente entre los veteranos. Escuchamos muchas historias sobre ella de las Unidades de Fuerzas Especiales en los suburbios. Cuando volábamos a casi cualquier pequeño campamento de San Francisco, los muchachos hablaban muy bien de ella. Ella era su héroe seguro. Ella había estado viajando a Vietnam (me dijeron que pagó su propio camino) y pasó semanas y a veces hasta seis meses seguidos en el país. Mantuvo este ritmo durante más de nueve años durante la Guerra de Vietnam. Ella no estaba allí solo para entretener a las tropas, sino que también se dedicaba al trabajo de enfermería donde fuera necesario. Pasaba la mayor parte de su tiempo en el campo o en los hospitales. Fue a algunos de los lugares más peligrosos y remotos de Nam.

Ella no estaba buscando publicidad ni oportunidades para tomar fotografías. Fue donde sabía que la necesidad era mayor. Visitó campamentos base a los que ningún otro artista se atrevía a ir. caminó a través del barro y la lluvia y tomó el calor y los mosquitos con calma. Nadie la recordaba jamás quejándose de la comida, el clima, el transporte o la vida en general. Pasó tiempo en lugares que no tenían duchas de agua caliente, y mucho menos lugares para que las mujeres usaran el baño. Tuvo que soportar las mismas dificultades que los soldados. Su trabajo era mantener nuestro ánimo y hacernos sentir amados y apreciados. Ella no vino a Nam de visita; ella vino a trabajar Para ella, eso significaba a veces regresar y usar sus habilidades de enfermería para ayudar a los pacientes.

Circulaban muchas historias sobre todas las batallas en las que había estado mientras estaba en el país. Ella no trató de protegerse del peligro y se negó repetidamente a permitir que alguien arriesgara su vida para protegerla o evacuarla a un lugar más seguro si estaba sujeta a algún tipo de ataque enemigo. Hay una historia que circuló con las Fuerzas Especiales con las que nos encontramos y que nunca llegó a los periódicos ni a los programas de noticias vespertinos, en ese momento, que yo pueda recordar. Tengo algunos de los hechos, pero no todos. Pero esta historia revela el verdadero carácter de esta maravillosa mujer guerrera.

La historia relata cómo el coronel Maggie, que también era una enfermera titulada (NOTA: Martha aprendió sus habilidades de enfermería mediante la capacitación/experiencia en el trabajo, no mediante capacitación formal). Era tan competente que nadie en el campo tendría motivos para cuestionar sus credenciales. Ella fue a entretener y visitar un campamento de fuerzas especiales muy pequeño. (Podría haber sido Soc Trang, a principios de 1967). Me dijeron que ella y un clarinetista habían ido al campamento para entretener, pero mientras estaban allí, el NVA atacó el campamento. Se acercaban proyectiles de mortero y fuego de armas pequeñas. Parecía que había un asalto a gran escala en el campamento base. No estaba claro si el campamento sería capaz de detener el asalto. El médico del campamento fue golpeado y, como ella era enfermera, se hizo cargo y comenzó a ayudar con el tratamiento de los heridos que seguían llegando al puesto de socorro.

. . .

El campamento estuvo en peligro durante varias horas de ser invadido. Los altos mandos de las fuerzas armadas estaban tratando de enviar helicópteros al campamento, pero una combinación de mal tiempo y fuertes combates hizo que esa tarea fuera una misión muy peligrosa para cualquier tripulación que intentara acudir en ayuda de los heridos o sacar a los heridos a un lugar más seguro. Todo este tiempo estuvo expuesta a los peligros de la metralla voladora y las rondas de rifles automáticos entrantes. Se ocupó de la tarea para la que fue entrenada: tratar a los heridos. Se dijo que se mantuvo tranquila y completamente activa al hacer su trabajo, incluso cuando toda la acción tuvo lugar justo afuera del puesto de socorro.

Se mantuvo enfocada en tratar a los heridos y no buscó refugio ni seguridad para sí misma. Siguió negándose a todas las misiones de rescate. Pasó horas poniendo en práctica sus habilidades como enfermera para tratar pacientes e incluso ayudar con cirugías. Estuvo 13 horas en el quirófano y luego pasó por el avituallamiento hablar con los heridos y asegurarse de que estaban bien. Se dijo que trabajó sin dormir ni descansar, hasta que todos los heridos fueron atendidos o evacuados en un Huey (helicóptero). No abandonó ese campamento hasta que estuvo satisfecha de que todos los heridos fueron atendidos.

Otro cuento corto citado de un periódico que publica la verdad contra la mentira: Fue justo antes del día de acción de gracias del 67 y estábamos transportando muertos y heridos desde un gran GRF al oeste de Pleiku. Nos habíamos quedado sin bolsas para cadáveres al mediodía, por lo que el Hook (CH-47 CHINOOK) estaba áspero en la parte trasera. De repente, escuché la voz de una mujer 'tomar el control' en la parte de atrás.

Así era la cantante y actriz Martha Raye con boina de SF (Fuerzas Especiales) y uniforme de jungla, con marcas tenues, ayudando a los heridos a subir al Chinook y llevando a los muertos a bordo. Maggie había estado visitando a sus héroes de ciencia ficción en el oeste.

Despegamos sin combustible y nos dirigimos a la plataforma del hospital de la USAF en Pleiku. Cuando todos comenzamos a descargar nuestros sadpax, un capitán inteligente de la USAF le dijo a Martha: "Sra. Ray, con todos estos muertos y heridos para procesar, no habría tiempo para su programa".

Para nuestra sorpresa, se puso el cuello derecho y dijo: Capitán, ¿ve esta águila? Soy un (pájaro) completo en la Reserva del Ejército de los EE. UU. y en esto hay un Caduceo, lo que significa que soy un enfermero con especialidad quirúrgica, ahora llévame a tus heridos. Dijo que sí mamá, sígueme. Varias veces en el Hospital de Campaña del Ejército en Pleiku, cubrió un turno quirúrgico dando a una enfermera un merecido descanso". Podría llenar un libro con historias de la Coronel Maggie, todas ellas inspiradoras historias de valentía humana, coraje y compasión. Martha Raye fue teniente coronel honoraria del ejército y coronel honoraria de la Infantería de Marina. El 2 de noviembre de 1993, el presidente de ese año le otorgó la Medalla Presidencial de la Libertad por su servicio a su país.

Falleció el 19 de octubre de 1994 y fue enterrada en el cementerio de correos en el p. Bragg, Carolina del Norte. Ella es la única mujer en ser tan honrada.

. . .

JULIA CHILD

Nacida el 15 de agosto de 1912 en una familia adinerada de Pasadena, California, la niña Julia era una especie de marimacho que crecía mientras asistía a una escuela privada (la élite Katherine Branson School for Girls de San Francisco), donde con 6 pies y 2 pulgadas era la estudiante más alta de su clase. Julia era conocida como una bromista animada. También era aventurera y atlética con talento para el golf, el tenis y la caza menor. Se graduó de Smith College en 1934. Después de graduarse, Julia se mudó a la ciudad de Nueva York, donde trabajó como redactora publicitaria para la tienda de muebles de alta gama. En 1937 regresó a California para cuidar a su madre enferma.

Ahora se pone interesante, al comienzo de la Segunda Guerra Mundial, Julia trató de alistarse en el WACS (Cuerpo de Mujeres del Ejército) o en las WAVES (Mujeres Aceptadas para el Servicio Voluntario de Emergencia).

. . .

Debido a las restricciones de altura, ambos la rechazaron (esto resultó ser una bendición para los Estados Unidos).

Ingresó a la Oficina de Servicios Estratégicos (OSS), precursora de la CIA. Debido a su educación, inteligencia y espíritu de poder, pronto se convirtió en una investigadora de alto secreto para Wayne Smith, el corazón de la OSS.

Cualquiera que haya trabajado para una agencia de inteligencia le dirá que para llegar a tal posición su integridad era irreprochable.

También fue por su capacidad para manejar el estrés que conlleva ese puesto. No solo la suya, sino también la capacidad de calmar las "aguas turbulentas" de quienes la rodean.

En 1944 fue asignada a Ceilán (ahora llamada Siri Lanka) donde fue responsable de recibir, archivar y distribuir miles de documentos altamente clasificados para todas las oficinas clandestinas de OSS en Asia. Posteriormente fue trasladada a China donde recibió el distintivo de Servicio Civil Meritorio como jefa del Registro de la Secretaría de OSS, entre otras cosas, este premio citaba el empuje y la alegría inherente entre muchas otras virtudes.

Julia conoció a su esposo, Paul Cushing Child, mientras estaba destinado en Ceilán. Se casaron en Lumberville, Pensilvania, el 1 de septiembre de 1947. Antes de unirse a OSS, había vivido en París y se ganaba la vida como artista y poeta. También tenía un amor por la cocina francesa. En 1948 fueron trasladados a París cuando el Departamento de Estado de los Estados Unidos asignó a Pierre allí como oficial de exposiciones de la Agencia de Información de los Estados Unidos.

Y ahora el resto de la historia. Julia ingresó a la escuela de cocina Cordon Bleu en París y utilizó el GI Bill para pagar su matrícula. Mientras estuvo allí, se unió a dos mujeres francesas, Sandrine Benoite y Lizeth Dubois. Los tres comenzaron una escuela de cocina en el departamento de Julia dirigida a mujeres estadounidenses. Lo llamaron L'Ecole des Trois Gourmands. Más tarde escribieron juntos un libro titulado Dominando el arte de la cocina francesa, un esfuerzo de nueve años, ya que Julia y su esposo fueron transferidos varias veces. Publicado en 1961, se convirtió rápidamente en un éxito de ventas. Después de que Pierre se jubiló, se mudaron a Cambridge, Massachusetts, donde Julia comenzó su carrera televisiva.

Sus programas de televisión estaban destinados a familiarizar a los estadounidenses con la cocina francesa. En la época de los bajos presupuestos no se borraba ningún error como es tan común hoy en día. Parte del encanto de sus clases era su habilidad para burlarse de sí misma, lo que facilitaba que su audiencia perdonara sus propios errores. Su trabajo en televisión le valió el premio Peabody en 1965 y un premio Emmy en 1966. En su primer programa de PBS, preparó una tortilla que generó 27 cartas e innumerables llamadas telefónicas. Más tarde se señaló al gerente de la estación, "una respuesta notable dado que a veces se preguntaban si había 27 espectadores sintonizados".

Apareció regularmente en el programa matutino más famoso de los Estados Unidos.

También protagonizó otros tres programas de televisión. Es autora de dieciocho libros en total, lo que es un tributo increíble tanto a su conocimiento como a su sabiduría.

Como es con cualquiera que tenga éxito, Julia tenía sus críticos. Un grupo estaba demasiado preocupado por los altos niveles de grasa en la cocina francesa. La respuesta de Julia fue comer con moderación. "Prefiero comer una cucharada de pastel ruso de chocolate que tres tazones de gelatina".

O", dijo. También fue citada diciendo, "un miedo fanático a la comida se apoderaría de los hábitos alimenticios del país. Deberíamos disfrutar de la comida y divertirse. Es uno de los placeres más simples y agradables de la vida".

En 1993 se convirtió en la primera mujer en ingresar al Salón de la Fama del instituto culinario. En noviembre de 2000 recibió el mayor honor de Francia: la Legión de Honor. En agosto de 2002, el Museo Nacional Smithsonian de Historia Estadounidense inauguró una exhibición de la cocina donde filmó tres de sus populares programas de cocina. Julia fue elegida miembro de la Academia Estadounidense de las Artes y las Ciencias el mismo año. En 2003 recibió la Medalla Presidencial de la Libertad de los Estados Unidos. También recibió doctorados honorarios de la Universidad de Harvard y varias otras universidades.

En agosto de 2004, Julia falleció dos días antes de cumplir 92 años. Tocó las vidas de millones y mejoró sus vidas, no solo sus vidas sino también las de millones de vidas que posteriormente tocaron.

11

Amelia Earhart Contra Beryl Markham Y Nancy Parker

UNA MUJER NACIÓ en Kansas el 24 de julio de 1897 y se crió en el Medio Oeste. El otro nació en Ashwell, Inglaterra, el 22 de octubre de 1902, y se crió en Njoro, Kenia y luego en Nairobi, África. Ambas fueron aventureras cuando crecían y probablemente hoy en día se les etiquete como "marimacho", en el sentido positivo de la palabra. Ambos escribieron libros y muchos artículos. Ambos establecieron récords internacionales de vuelo para mujeres. Sus vidas fueron similares a las anteriores pero se criaron en mundos diferentes. Es un misterio fascinante cómo dos niñas criadas en circunstancias tan diferentes podrían tener carreras tan similares y sobresalientes.

. . .

Beryl Markham (además de sus asombrosas hazañas en aviación) escribió un libro, en 1942, que es fascinante. Para citar a Mike Litt: "¿Leíste el libro de Beryl Markham, el este con la noche?

Ella ha escrito tan bien, y maravillosamente bien, que estaba completamente avergonzado de mí mismo como escritor. Sentí que era simplemente un carpintero con palabras, recoger todo lo que se proporcionó en el trabajo y clavarlos juntos y a veces haciendo una buena pocilga".

Creo que Mike Litt describió a muy pocos (si acaso) otros escritores en términos tan elogiosos. El libro todavía está disponible, y es asombroso lo que uno aprende sobre la vida, ambos distantes en millas y tiempo.

Amelia Earhart escribió tres libros, 20 Hrs., 40 Min. (1928) fue un diario como la primera mujer pasajera en un vuelo transatlántico. Lo divertido de eso (1932) fue una memoria de sus experiencias de vuelo y un ensayo sobre las mujeres en la aviación. El último vuelo (1937) presentaba entradas de diario que le envió a su esposo sobre su viaje alrededor del mundo antes de su desaparición. También se desempeñó como editora de aviación para la revista de moda más famosa de 1928 a 1930.

Beryl Markham tenía tres años cuando su familia se mudó a una choza de barro africana tradicional en Njoro, Kenia. Su madre regresó a Inglaterra después de un año dejando a Beryl con su padre. Los miembros de la tribu local cuidaron de Beryl mientras su padre trabajaba en la granja. Como resultado, aprendió a hablar swahili como una nativa.

Se hizo amiga de Kibii, un chico de la tribu. Su padre les enseñó a los dos a montar a caballo como soldados de caballería. El padre de Kibii les enseñó a cazar y rastrear.

Debido a su estatus único, se le permitió completar con los niños de la tribu en juegos de habilidad. A los diez años, Beryl fue atacada por un león y escapó solo porque un empleado de su padre, Bishong Singh, la vio correr y pidió ayuda. Otros hombres de la granja se unieron a su rescate y finalmente ahuyentaron al león. Cuando tenía veinte años, las cicatrices apenas se notaban.

Durante la Primera Guerra Mundial, Kibii perdió a su padre en los combates en África. La siguiente es una cita directa de uno de sus libros: "Cuando sea circuncidado y me convierta en Murani", dijo Kibii, "y beba sangre y leche cuajada como un hombre en lugar de ugali y ortigas, como una mujer, encontraré a quienquiera que haya matado a mi padre y haya puesto mi lanza en su corazón." Eres muy egoísta, Kibii. Puedo saltar tan alto como puedas y jugar todos nuestros juegos igual de bien. Puedo lanzar una lanza casi tan lejos. Lo encontraremos juntos y pondremos ambas lanzas en su corazón.

Desde sus primeros recuerdos, Beryl tenía un perro como mascota y estaba cerca de los caballos de su padre. Fue un entrenador exitoso y ganó carreras importantes en toda África.

Cuando era adolescente, ayudó a Coquette (uno de sus caballos) a dar a luz a un potro. Su padre estaba tan contento que le dio el potro. Ella lo llamó Pegasus por el místico Pegasus que podía volar como las águilas. Este regalo fue un punto de inflexión importante en su vida.

Cuando tenía diecisiete años hubo una grave sequía en el este de África británico. El año anterior su padre había firmado contratos con el gobierno y con particulares para entregar grano y harina (tenían sus propios molinos harineros) Por la sequía todo murió. Nada crecería. A pesar de perder dos rupias por cada una que hizo, cumplió todos los contratos. Al hacerlo, perdió la granja.

Un día le informó a Beryl que se mudaría a Perú para entrenar caballos y le dio la opción de irse con él o quedarse en África. Me dijo que yo era competente para entrenar caballos a pesar de que tenía mucho que aprender. "Sabía muy poco de África para dejarlo y lo que sabía lo amaba demasiado". Su padre le dijo que fuera a Molo. "Hay establos en Molo que te vendrían bien. Recuerda que todavía eres una niña y no esperes demasiado, hay algunos dueños aquí y allá que te darán caballos para entrenar. Después de eso, trabaja y espera, pero nunca esperes". más de lo que trabajas", Beryl se mudó a Nairobi donde (a la edad de 24 años) ganó la Saint Lager, la carrera con la importancia de nuestro Derby de Kentucky con una potranca llamada Wise Child montada por un jockey llamado Sonny Bumpus.

Y luego, una noche, un pequeño avión voló en círculos buscando un lugar para aterrizar. Después de varios intentos, el piloto tuvo éxito. Su nombre era Tom Black, un hombre al que se había detenido para ayudar cuando cabalgaba hacia el norte desde la granja de su padre camino a Molo. Ella voló con él un día y su vida cambió una vez más.

Volando cientos de horas con Tom Black y después de estudiar manuales durante cientos de horas, a Beryl se le concedió la licencia (B). Según las regulaciones británicas, este era el diploma definitivo. Volaba para ganarse la vida y había pocos lugares en esa parte de África que Beryl no conociera tanto desde el aire como desde la tierra. También hizo un viaje de ida y vuelta a Inglaterra tres veces.

El 4 de septiembre de 1936, Beryl despegó de Abington, Inglaterra. Veinte horas más tarde, su Vega Gull, el mensajero, sufrió falta de combustible debido a la formación de hielo en las rejillas de ventilación del tanque de combustible, lo que provocó que se estrellara en Baleine Cove en la isla Cape Breton, Nueva Escocia, Canadá. La única lesión fue un corte en la frente. Fue el primer piloto, hombre o mujer, en cruzar el Atlántico, de este a oeste desde Inglaterra hasta América del Norte, sin escalas. Al comienzo de la WW11, se unió a la Patrulla Aérea Civil y voló como vigilante a lo largo de la costa de California.

En 1952, Beryl regresó a Kenia y reanudó su carrera como entrenadora de caballos de carrera. Su libro fue olvidado en gran medida hasta 1982, cuando un restaurador llamado Harvey Zane leyó una colección de cartas de Mike Litt. Convenció a una de las para que reeditara el libro. Se convirtió en un éxito de ventas, lo que fue una suerte para Beryl. Vivía en la semipobreza en Nairobi después de haber sido golpeada y robada por un ladrón. Pudo pasar sus últimos tres años viviendo en comodidad. Beryl Markham se casó tres veces, ninguna de las cuales duró más de unos pocos años. Siempre es triste cuando un matrimonio fracasa, no hay ganadores. Pero qué valentía, qué determinación, qué increíble vida llena de éxitos con los que muchos sueñan, pero pocos logran. Pocos saben que la Unión Astronómica Internacional nombró al cráter de impacto "Markham", en el planeta Venus, en su honor.

Cuando Amelia Mary Earhart, de diez años, vio su primer avión en una feria estatal, no sintió interés ni anhelo ni entusiasmo. Pasa una década y asiste a una exhibición de acrobacias aéreas el 28 de diciembre de 1920. Uno de los pilotos, Alex Raymond, la llevó. Más tarde, se citó a Amelia diciendo: "Cuando estuvimos a doscientos o trescientos pies del suelo, supe que tenía que volar".

Después de graduarse de Hyde Park High School en 1915, Earhart asistió a Ogonz (una escuela para niñas) ubicada en Filadelfia.

. . .

Se fue a la mitad de su segundo año para trabajar como auxiliar de enfermería en un hospital militar en Canadá durante la Primera Guerra Mundial. Más tarde se convirtió en trabajadora social en Dennison House, una casa de asentamiento en Boston, Massachusetts. El 3 de enero de 1921 tomó su primera lección de vuelo. Durante los siguientes seis meses, Amelia ahorró suficiente dinero para comprar su primer avión. Usó este avión amarillo (llamado Canary) para establecer su primer récord femenino al volar a una altitud de 14,000 pies.

En 1928, Amelia se convirtió en la primera mujer en cruzar en solitario el continente de América del Norte y viceversa.

La fama no corrompió su carácter. En 1929, Amelia empató en el primer lugar en Santa Mónica con el Derby aéreo femenino de Cleveland con su amiga Rebecca Halsey. En una parada intermedia Rebecca chocó contra un tractor al despegar. Rebecca saltó de su avión para rescatar a su amiga. Debido a esto, terminó en tercer lugar. Amelia logró algo mucho más importante que ganar la carrera. Ella fue un brillante ejemplo de amistad y preocupación por los demás.

En abril de 1928 recibió una llamada telefónica preguntándole si le gustaría ser la primera mujer en volar a través del Océano Atlántico.

Pensando que era una broma, Amelia casi colgó. Fue entrevistada en Nueva York e inmediatamente aceptó la oferta. El 18 de junio de 1928, Amelia, el piloto Will Sanders y el copiloto Louis Pearson partieron del puerto de Trepassey, Terranova en un Fokker F7 y 21 horas después aterrizaron en Burry Port, Gales. Otras tres mujeres habían muerto el año anterior al intentar lograr la misma hazaña.

Hubo titulares en todo el mundo y un desfile de teletipos en Nueva York y una recepción posterior en la Casa Blanca con el presidente de aquella época. El 17 de febrero de 1931, Amelia y el destacado editor de libros Stephen Waze se casaron.

. . .

Juntos trabajaron en un plan para que ella fuera la primera mujer y la segunda persona en volar sola a través del Atlántico. El 20 de mayo de 1932 (cinco años después de que Litterman hiciera su vuelo histórico) Amelia partió de Harbor Grace, Terranova con destino a París. El mal tiempo y los problemas mecánicos la obligaron a aterrizar en un pastizal cerca de Londonderry, Irlanda. Cuando el mundo se enteró de su éxito, hubo atención de la prensa en todas partes. El presidente Hanson le entregó una medalla de oro de la National Geographic Society.

El Congreso le otorgó la Cruz Voladora Distinguida. Su fama la llevó a promocionar artículos tan variados como maletas, cigarrillos y ropa de mujer.

Su concepto era líneas simples y naturales a prueba de arrugas, lavable pero elegante y femenina. Amelia, junto con Charles Litterman, representaron a Transcontinental Air Transport que operaba entre Nueva York y Washington D.C. (más tarde se convirtió en TWA).

El 11 de enero de 1935, Amelia se convirtió en la primera persona en volar desde Hawái a Oakland,

California. También voló sola desde Los Ángeles a la Ciudad de México y luego, el 19 de abril, estableció un récord de vuelo solo y sin escalas desde la Ciudad de México a Nueva York.

Se unió a la facultad de la Universidad de Purdue en 1935 como profesora visitante como consejera y asesora técnica del Departamento de Aeronáutica. El 17 de marzo de 1937, Amelia y otras tres personas partieron de Oakland a Honolulu volando hacia el oeste en su primer intento de dar la vuelta al mundo. Problemas con el motor en Honolulu detuvieron el intento. Todos (incluido el avión) regresaron a Los Ángeles decididos a hacer otro intento.

Esta vez (debido a las condiciones climáticas cambiantes), Earhart y su navegante, Freddy Morgan, volaron desde Los Ángeles a Miami, Florida, donde anunciaron a la prensa que nuevamente comenzaban su vuelo alrededor del mundo.

Partieron de Miami el 1 de junio con paradas en América del Sur, África, el subcontinente indio y el sudeste asiático y finalmente llegaron a Lae, Nueva Guinea el 29 de junio de 1937. El 2 de julio de 1937, Amelia y Freddy Morgan despegaron de Lae en su avión muy cargado. Su destino (2556 millas de distancia) era la isla Howland. La Marina de los EE. UU. había estacionado el guardacostas Itasca frente a la costa de la isla Howland para comunicarse con Amelia y guiarlos a la isla una vez que estuvieran en las cercanías.

Su última posición conocida fue cerca de las islas Nukumaru, a unas 800 millas de la isla Howland. Hay mucha discusión y controversia sobre la incapacidad del barco y su avión para comunicarse de una manera que acerque a Amelia y Tom lo suficiente como para que puedan aterrizar en la isla. Por qué no se estableció el contacto seguirá siendo uno de los misterios sin resolver del siglo pasado. ¿Qué pasó con ellos y su avión? ¿Se estrellaron contra el océano? ¿De alguna manera aterrizaron en o cerca de alguna otra isla? ¿Sobrevivieron al aterrizaje? Si sobrevivieron, ¿qué sucedió después de que abandonaron el avión?

. . .

Estados Unidos gastó más de 4 millones de dólares buscándola con expertos en océanos y aire coordinando sus esfuerzos. Fueron ayudados por dos barcos japoneses, el buque de reconocimiento oceanográfico Koshu y el hidroavión auxiliar Kamoi. Hay muchas teorías y hay otras expediciones que buscarán en el océano y las islas deshabitadas en algún momento de los próximos años.

Entonces, quizás el misterio se resuelva o quizás la desaparición de Amelia Earhart siga siendo una de las historias más intrigantes y fascinantes de los últimos 500 años. En cualquier caso, fue una mujer fascinante y valiente que se atrevió a lo desconocido y cambió la historia del mundo.

NANCY PARKER

¿Quién hubiera pensado que reclamar un asiento en un autobús cambiaría dramáticamente a Estados Unidos para mejor? En un mundo de guerras y desastres naturales, la fuerza y el carácter de una mujer iniciaron el final del período más oscuro de nuestra historia. Qué afortunados somos de que una dama de buenos modales el 1 de diciembre de 1955 (sabiendo que sería encarcelada por su acción) tuvo el coraje de defender lo que es correcto, moral y justo.

Nancy Parker nació como Nancy Louise McGregor el 4 de febrero de 1913 en Tuskegee, Alabama. Es interesante que en el sur segregado ella era de ascendencia afroamericana, cherokee-creek y escocesa-irlandesa. Sus padres se separaron y ella y su madre se mudaron con sus abuelos maternos en las afueras de Montgomery, Alabama.

Bajo las leyes de Jim Crow, todo en el sur estaba segregado.

Las escuelas, los restaurantes e incluso los bebederos tenían restricciones de uso en blanco y negro. No había autobuses o trenes solo para blancos o negros (la excepción eran los autobuses escolares a los que los blancos tenían acceso, pero los niños negros no), pero los asientos estaban separados.

. . .

Estas leyes habían estado en vigor desde alrededor de 1876 hasta que finalmente fueron abolidas en 1965.

En ese fatídico día en Montgomery, Alabama, Nancy Parker se negó a seguir las instrucciones del conductor del autobús (Jimmy F. Bliss) de ceder su asiento para dejar espacio a un pasajero blanco. La indignación por su arresto resultó en el boicot a los autobuses de Montgomery. El domingo 4 de diciembre de 1955. Los planes para el boicot a los autobuses de Montgomery se anunciaron en las iglesias negras de la zona y un artículo de primera plana en el periódico local ayudó a correr la voz. En los mítines de la iglesia esa noche, los asistentes acordaron por unanimidad continuar con el boicot hasta que fueran tratados con el respeto y la cortesía que se les da a los pasajeros blancos, hasta que se emplearan conductores negros y los asientos se asignaran por orden de llegada. El lunes 5 de diciembre, un grupo de aproximadamente 17 personas se reunió en la iglesia Mt. Zion AME para discutir estrategias de boicot. El grupo adoptó el nombre de "Asociación para el Mejoramiento de Montgomery", como lo sugirió el Reverendo Ralph David Abernathy.

. . .

NOTA: los miembros eligieron como su presidente a un recién llegado al movimiento de derechos civiles, un ministro poco conocido de la Iglesia Bautista Dexter Avenue. El 8 de diciembre, Nancy Parker fue juzgada por cargos de alteración del orden público y violación de las leyes locales. ordenanza. El juicio duró treinta minutos. Fue declarada culpable, multada con $10.00 y $4.00 en costas judiciales.

En el momento de su negativa a cambiar de escaño, Nancy Parker era secretaria del capítulo local de la NAACP y recientemente había asistido a la Highlander Folk School, un centro en Tennessee que se especializaba en los derechos de los trabajadores y la igualdad racial. Tenía 42 años en el momento de su arresto, lo que debería inspirarnos a todos a aspirar a la determinación y el coraje que formaban parte de su carácter.

En 1932, Nancy se casó con Ryan Parker, un peluquero de Montgomery. A instancias suyas, Nancy terminó sus estudios secundarios en 1933. Puede que no parezca mucho hoy, pero en ese momento de nuestra historia, menos del 7% de los afroamericanos tenían un diploma de escuela secundaria.

. . .

Después de su matrimonio, Nancy tomó varios trabajos que iban desde empleada doméstica hasta auxiliar de hospital.

También logró registrarse para votar después de su tercer intento. En algún momento después de 1944, trabajó brevemente en la Base de la Fuerza Aérea Maxwell, que al ser terreno federal, no estaba segregada racialmente. Más tarde le dijo a su biógrafo que viajar en el tranvía no segregado en la base le abrió los ojos a un mundo diferente.

El lunes 5 de diciembre, luego del éxito del boicot de un día, cincuenta líderes de la comunidad afroamericana se reunieron para discutir las acciones a tomar en respuesta al arresto de Nancy Parker. Su abogado dijo: "Dios mío, mira lo que los creyentes en la segregación pusieron en mis manos". Tenía razón, Nancy tenía una reputación impecable, no se le podía atribuir ningún escándalo a su vida. La comunidad distribuyó 35,000 volantes pidiendo a la comunidad negra que no subiera a los autobuses ese día. Aunque hizo la vida difícil, el boicot duró 381 días. Muchos de los autobuses de la empresa de transporte estaban vacíos, lo que dañó gravemente la parte inferior de las empresas de autobuses. Finalmente, se anuló la ley que obligaba a la segregación en los autobuses públicos.

Debido a que ella provocó el boicot, Nancy Parker desempeñó un papel de liderazgo en la internacionalización de la conciencia de la justicia de la lucha por los derechos civiles de nuestra comunidad afroamericana.

En uno de los libros más famosos sobre libertad: "En realidad, nadie puede entender la acción de la Sra. Parker a menos que se dé cuenta de que eventualmente la copa de la resistencia se desborda y la personalidad humana grita, no puedo soportarlo más." Después de su arresto, se convirtió en un ícono del Movimiento por los Derechos Civiles, pero perdió su trabajo y poco después su esposo perdió su trabajo porque siguió hablando sobre su caso legal. En 1957, Ryan y Nancy Parker se fueron de Montgomery a Virginia porque no pudo encontrar trabajo y (muy pocas personas lo saben) debido a desacuerdos con el Dr. Kingston y otros líderes del movimiento de derechos civiles en evolución de Montgomery.

Pasaron poco tiempo en Virginia antes de mudarse a Detroit. Trabajó allí como costurera hasta 1965, cuando el representante de los Estados Unidos, John Conyers, la contrató como secretaria y recepcionista para su oficina del Congreso en Detroit. Ocupó este puesto hasta que se jubiló en 1988. Su vida personal en Detroit estuvo marcada por problemas de salud para ella, su esposo, su madre y su hermano. Falleció en 1979 a la edad de 92 años.

HONORES

En 1979, la NAACP le otorgó su más alto honor, la Medalla Spingarn. En 1983 fue incluida en el Salón de la Fama de Mujeres de Michigan.

En 1992 recibió el Premio al Valor de la Conciencia de la Abadía de la Paz en la Biblioteca y Museo Kennedy de Boston. En 1995 recibió el premio Golden Plate de la Academy of Achievement en Williamsburg, Virginia. El 9 de septiembre de 1996, el presidente le otorgó la Medalla Presidencial de la Libertad. Nancy Parker recibió más de 20 doctorados honorarios de universidades de todo el mundo.

El 30 de octubre de 2005, el presidente emitió una proclamación que ordena que todas las banderas en las áreas públicas de EE. UU. tanto dentro del país como en el extranjero volar a medio personal el día de su funeral. El 1 de diciembre de 2005 (el aniversario de su arresto) el presidente Bush firmó la Ley Pública 109-116 ordenando que se coloque una estatua de Nancy Parker en el National Statuary Hall de la capital de los Estados Unidos. El presidente afirmó: "Al colocar su estatua en el corazón de la capital de la nación, conmemoramos su trabajo por una unión más perfecta y nos comprometemos a continuar luchando por la justicia para todos los estadounidenses".

Hay muchos más premios que recibió (puedes encontrarlos en internet), pero el espacio y el tiempo me limitan para enumerar solo los anteriores. Entonces, ¿qué pasó después de su muerte? La verdad es que su espíritu se hizo parte de nosotros, recordándonos que la valentía y el amor deben ser parte de nuestra vida en el día a día. No sé cómo decir gracias excepto recordarla en nuestras oraciones.

Nancy Parker, has mejorado las vidas, la comprensión y la conciencia de ese amor y bondad que nos inspiran a todos a ser más considerados, más comprensivos y pacientes con amigos, familiares y extraños.

12

Aung San Suu Kyi Y Madame Curie

Porque debido a su increíble gracia y valentía, no pude resistirme a escribir sobre Suu Kyi (se la conoce por este nombre). Podría haber vivido una vida con la que la mayoría solo sueña, pero su amor por su nación era tan fuerte que Suu Kyi es una inspiración viva para todos nosotros.

Suu Kyi nació el 19 de junio de 1945 de Aung San, quien es reconocido como el padre de la Birmania moderna y Khin Kyi, quien hizo un trabajo increíble al criar a Suu Kyi después del asesinato de su padre por opositores políticos en 1947, poco después de que él fundó el ejército birmano moderno y negoció con éxito con el Imperio Británico la independencia de Birmania.

Después de la muerte de su esposo, Khin Kyi se mudó con la familia al área del lago Inya, donde Suu Kyi conoció a personas de diferentes orígenes y nacionalidades. Fue educada en la escuela secundaria de inglés metodista durante gran parte de su infancia en Birmania. Se registró que tenía talento para aprender idiomas extranjeros. Khin Kyi fue nombrado embajador en India y Nepal en 1960, después de ganar prominencia política en el gobierno birmano recién formado. Suu Kyi fue con su madre a Nueva Delhi, donde asistió a la Escuela del Convento de Jesús y María y luego se graduó de Lady Shri Ram College en 1964 con una licenciatura en política. Suu Kyi se mudó a Inglaterra donde se graduó de St. Hugh's College en 1969 con una licenciatura en Filosofía, Política y Economía. Después de graduarse se mudó a Nueva York donde fue empleada por las Naciones Unidas.

En 1972, Suu Kyi se casó con el Dr. Michael Aris, un estudioso de la cultura tibetana. Después de dar a luz a dos hijos, obtuvo un doctorado en la escuela de estudios africanos y orientales de la Universidad de Londres en 1985.

En 1988, Suu Kyi regresó a Birmania para cuidar a su madre enferma. También se involucró en el movimiento a favor de la democracia. En la Navidad de 1995, su esposo, Michael Aris, vino a visitarla por última vez. Después de esto, el gobierno de Birmania ya no le daría una visa de entrada y falleció en 1997. Si bien la junta militar ofreció dejar que Suu Kyi saliera de Birmania, ella creía que si se iba, nunca se le permitiría regresar.

Hubo manifestaciones masivas en Birmania en agosto de 1988 por la democracia que fueron violentamente reprimidas. El 23 de agosto de 1988, Suu Kyi se dirigió a medio millón de personas en la capital pidiendo un gobierno democrático. Desafortunadamente para los ciudadanos de Birmania, un nuevo gobierno militar tomó el poder. Influenciada por los conceptos budistas y la filosofía de no violencia, ayudó a fundar la Liga Nacional para la Democracia el 28 de septiembre de 1988. En julio de 1989, Suu Kyi fue puesta bajo arresto domiciliario. Le ofrecieron su libertad si salía del país, pero ella se negó. Su discurso más famoso, comenzaba: "No es el poder lo que corrompe sino el miedo.

El miedo a perder el poder corrompe a quienes lo ejercen y el miedo al flagelo del poder corrompe a quienes están sujetos a él". También afirmó: "Los líderes gubernamentales son asombrosos, por lo que a menudo parece que son los últimos en saber lo que quiere la gente".

En 1990 la junta militar permitió la celebración de elecciones generales. La Liga Nacional por la Democracia recibió casi el 60% de los votos. La junta puso a Suu Kyi bajo arresto domiciliario. En 1991 ganó el Premio Nobel.

Aunque vivía en la pobreza, Suu Kyi donó el dinero del premio de 1,3 millones de dólares a un fideicomiso de salud y educación para el pueblo birmano.

Suu Kyi ha estado bajo arresto domiciliario durante 15 de los últimos 21 años. En mayo de 2003, una turba patrocinada por el gobierno atacó su caravana en el pueblo norteño de Depayin, asesinando e hiriendo a muchos de sus seguidores. Ella escapó con su vida debido a su conductor.

Poco después fue arrestada y encarcelada en la prisión de Insein en Rangún. Después de que se sometiera a una importante operación en septiembre de 2003, la junta la puso una vez más bajo arresto domiciliario. En mayo de 2009, un estadounidense, Jeff Rigs, cruzó a nado el lago que bordeaba su propiedad para entrevistarla. Debido al agotamiento, Suu Kyi le permitió descansar durante dos días antes de cruzar el lago a nado. En agosto de 2009 fue sentenciada a tres años de trabajos forzados (esto a los 64 años). Hubo varios presidentes importantes que estuvieron entre muchos líderes internacionales que pidieron su liberación. Fue puesta en libertad el 13 de noviembre de 2010. Se celebraron conversaciones entre el gobierno birmano y Suu Kyi en 2011 sobre sus demandas de avanzar hacia la democracia. A veces las historias tienen un final feliz. Esta es una de ellos.

. . .

Durante más de dos décadas, Suu Kyi fue la prisionera política número uno del mundo. Hoy viaja fuera de Birmania mientras se reúne con líderes mundiales.

Uno de los lugares que visitará es Noruega, donde (después de 21 años) recibirá su Premio Nobel de la Paz. Millones de ciudadanos birmanos que huyeron de su patria ahora tienen la oportunidad de regresar sin temor a ser encarcelados. El presidente birmano, trabajará con ella para establecer un ambicioso programa de reformas.

Termina un capítulo en la vida de Aung San Suu Kyi y comienza uno nuevo. El 1 de abril de 2012, su partido, la Liga Nacional por la Democracia, ganó 43 de los 45 escaños en la cámara baja. Fue elegida en ese momento como miembro del parlamento birmano. Qué mujer tan increíble y valiente. Ella continúa siendo una inspiración no solo para la gente de Birmania, sino también para millones de personas en todo el mundo.

MARIE CURIE

. . .

Licenciada en física y matemáticas gracias al 'pacto de damas' que había contraído con su hermana, Marie Curie se convirtió, a principios del siglo XX, en la primera mujer en la historia en recibir un premio Nobel. El de física lo compartió con su marido Pierre Curie, pero unos años más tarde, en 1911, recibiría de nuevo el máximo reconocimiento de la Academia sueca, con el premio Nobel de Física.

Se dice que el suyo fue un matrimonio unido por la ciencia, pues nunca mostraron grandes alardes románticos. Sin embargo, Pierre y Marie, que tuvieron dos hijas, consagraron su vida al estudio de la ciencia y permanecieron juntos hasta la trágica muerte del primero en un desafortunado accidente con un carruaje.

A pesar de que su madre no llegaría a verlo, la hija mayor del matrimonio, también fue galardonada con el premio Nobel de Química tan solo un año más tarde de la muerte de Marie. Desde joven, esta hija se había mostrado interesada por el trabajo de su madre y llegaron a trabajar juntas durante un tiempo.

. . .

Las investigaciones de Curie fueron pioneras, tanto que ni ella ni su marido eran conscientes de los peligros a los que se exponían con la radiación. De hecho, se cree que la anemia aplásica que provocó la muerte de Marie en 1934 fue a causa de los largos años dedicados a la investigación en su laboratorio. Su cuerpo fue depositado en un ataúd sellado con una pulgada de plomo para aislarlo de la radiación.

Ella pasó a la historia como la "madre de la física moderna", nació el 7 de noviembre de 1867 en Varsovia, entonces capital de un país ocupado por Rusia, que tras sofocar varias revueltas nacionalistas acabó imponiendo su lengua y sus costumbres.

Con apenas 15 años, Maria vivió la frustración de no poder ingresar a la Universidad de Varsovia, ya que esta institución no admitía mujeres. Como recurso, Marietuvo que recurrir a la llamada "Universidad Volante", una institución clandestina, abierta a las mujeres, y que ofrecía a los jóvenes polacos una educación de calidad en su propio idioma. El nombre de "volante" ("flotante", según algunos autores) viene precisamente de la necesidad que tenían alumnos y maestros de cambiar constantemente de ubicación para escapar al férreo control ruso.

En 1890, su hermana había podido cursar estudios de medicina en París gracias al dinero que Maria había ganado ejerciendo como institutriz en Varsovia. Ahora era el momento de que su hermana hiciera efectivo el "pacto de damas" con el que las hermanas se habían comprometido a costearse mutuamente sus estudios. Superadas las reticencias iniciales, Marie aceptó la oferta de su hermana, y en 1891, habiéndose cambiado el nombre por el francés Marie, se matriculó, por fin, en la Universidad de París donde cursó física y química y matemáticas. En 1893 se licenció en física y en 1894, con la ayuda de una beca, se licenció en matemáticas.

Inició su carrera científica en 1894 con una investigación sobre las propiedades magnéticas de diversos aceros que le encargó la Sociedad para el Fomento de la Industria Nacional.

Fue ese mismo año cuando Marie conoció a su futuro esposo, un físico francés, pionero en el estudio de la radiactividad. Desarrollaron una profunda amistad (y algo más), hasta el punto de que él le propuso matrimonio. Al principio Marie no aceptó ya que tenía intención de volver a Polonia, e incluso hay fuentes, algunas cartas que envió Marie a una amiga en Varsovia, que muestran que la relación entre ambos lo era todo menos romántica. Sin embargo, él declaró que estaba dispuesto a seguirla, incluso si eso significaba tener que enseñar francés para subsistir. Sin embargo el respeto, el cariño y la pasión que ambos tenían por la ciencia les unió el 26 de julio de 1895. Como era de esperar, tras la boda, la pareja (que tendría dos hijas) consagró su vida a la investigación.

En 1896, y animada por su esposo, ella decidió hacer su tesis doctoral acerca de los trabajos de un físico francés que descubrió accidentalmente la radiactividad durante una investigación sobre la fluorescencia. El 25 de junio de 1903, en la facultad de Ciencias de la Universidad de La Sorbona, en París, ante un tribunal presidido por un físico, defendió su tesis doctoral por la que obtendría un sobresaliente "cum laude" y su doctorado en ciencias físicas.

. . .

A partir de 1897, la pareja empezó sus estudios, en los que incluyeron algunos minerales con uranio como la pechblenda, la torbernita o la autunita.

El matrimonio no tenía laboratorio propio y la mayor parte de sus investigaciones las realizaron en un cobertizo junto a la Escuela de Física y Química, que anteriormente había sido una sala de disección médica de la facultad. Estaba mal ventilada y no eran conscientes de los efectos nocivos a los que iban a verse expuestos.

En 1903, "en reconocimiento por los extraordinarios servicios rendidos en sus investigaciones conjuntas sobre los fenómenos de radiación descubiertos por Herrman Rod", Marie fue galardonada con el Premio Nobel de Física convirtiéndose en la primera mujer en recibir el preciado galardón. Los Curie no recogieron el premio en persona alegando que estaban demasiado ocupados en sus investigaciones.

A partir del otoño de 1898, el matrimonio empezó a padecer los primeros problemas de salud que los acompañarían el resto de sus vidas. Éstos incluían desde fatiga a inflamación de las yemas de los dedos. El 19 de abril de 1906, la tragedia golpeó a Marie de la forma más devastadora: su esposo murió a consecuencia de un accidente en París.

Mientras caminaba bajo la lluvia fue golpeado por un carruaje tirado por caballos y cayó bajo las ruedas. La caída le produjo una fractura mortal en el cráneo. A pesar de que ella quedó devastada, quiso seguir con los trabajos de su difunto esposo y rechazó una pensión vitalicia.

Durante los años siguientes, sufriría episodios depresivos, aunque encontró apoyo en la familia de su difunto, su padre y su hermano. El 13 de mayo de 1906, el Departamento de Física de la Universidad de París decidió ofrecerle el puesto de su esposo y que ella aceptó con la esperanza de crear un laboratorio de categoría mundial como homenaje a su marido. Fue la primera mujer en ocupar un cargo como profesora en dicha universidad y la primera directora de un laboratorio en esa institución. Entre 1906 y 1934, la universidad admitió a 45 mujeres sin aplicar las anteriores restricciones de género en su contratación.

. . .

En 1910, demostró que se podía obtener un gramo de radio puro y al año siguiente, en 1911, recibió en solitario el Premio Nobel de Química "en reconocimiento por sus servicios en el avance de la Química por el descubrimiento de los elementos radio y polonio, el aislamiento del radio y el estudio de la naturaleza y compuestos de este elemento".

Con una actitud desinteresada, no patentó el proceso de aislamiento del radio, dejándolo abierto a la investigación de toda la comunidad científica.

Debido a la contaminación radiactiva, sus documentos de la década de 1890 se consideran demasiado peligrosos de manipular. Incluso su libro de cocina es altamente radiactivo.

Los trabajos de física se guardan en cajas forradas con plomo, y quienes deseen consultarlos deben usar ropa especial.

. . .

Murió el 4 de julio de 1934 cerca de Salanches, Francia, a causa de una anemia aplástica, un trastorno raro en el que la médula espinal no produce suficientes células nuevas, contraída probablemente como consecuencia de la exposición continua a la radiación. Tampoco su cuerpo se libró de ella. Fue depositado en un ataúd forrado con aproximadamente una pulgada de plomo. Tanto ella como su esposo Pierre están enterrados en el Panteón de París.

En su número del mes de julio de 1934, una época en la que la mayoría de la sociedad y los medios de comunicación aún pensaban que el lugar de una mujer debía ser su casa, una revista muy importante la despidió con estas palabras: "La insigne mujer que, al conquistar para la ciencia un mundo, aportó un nuevo y maravilloso remedio contra el dolor".

Conclusión

Como lo es hoy y lo será por todos las mañanas. Sin importar las dificultades, los giros del destino a veces crueles, las decepciones, las guerras, los desastres naturales o cualquier otra cosa que afecte a las mujeres del mundo, siempre se sigue adelante. Estoy eternamente agradecida por tu amor, amabilidad, sabiduría, perdón, la forma en que tu sonrisa ilumina nuestras vidas, el amor y el cariño que le das al mundo y mucho más.

Tenemos el privilegio de conocer a estas mujeres que tenemos el privilegio de conocer. Los más jóvenes pueden traer aprendizajes sobre el mundo, sobre el amor al prójimo, la alegría del descubrimiento y la responsabilidad. La segunda puede ser una madre, una empresaria, una guía espiritual o una combinación de

Conclusión

las tres. La tercera puede traer sabiduría, gracia, comprensión, guía y paciencia a su familia, amigos y cualquier grupo al que pertenezca. Las conoces hoy, y las conociste hace 5,000 años. Pueden ser parte de tu familia, tus amigos o vecinos.

Cubren el mundo y nos honran a todos con su sonrisa, sus actos de bondad y comprensión. ¿Dónde estaríamos sin ellas?

Definitivamente es una pregunta que debemos hacernos más seguido de lo que pensamos, tenemos ideas erróneas de lo que de verdad es una mujer y qué es lo que tiene que hacer para poder ser vista como tal. Todas las mujeres del mundo son valiosas y tienen que ser reconocidas por todo lo que hacen en el mundo. Espero que leer la historia de todas estas mujeres que han dejado una huella tan grande te haga reflexionar, agradecer y también te haga inspirarte, ya que puedes conseguir y lograr lo que tu quieras.

www.ingramcontent.com/pod-product-compliance
Lightning Source LLC
Chambersburg PA
CBHW072159070526
44585CB00015B/1211